PARÁBOLA DE UM NOVO TEMPO

ANTONIO CARLOS GAIO

PARÁBOLA DE UM NOVO TEMPO

TUDO TEM SEU TEMPO: O RESGATE DA ESPIRITUALIDADE

VERMELHO MARINHO

2025

Autor
Antonio Carlos Gaio

Editor-chefe
Tomaz Adour

Revisão
Equipe Vermelho Marinho

Capa
Marcelo Amado, com arte de John Artin, via Pixabay.

Diagramação
Marcelo Amado

CIP-BRASIL. CATALOGAÇÃO NA PUBLICAÇÃO
SINDICATO NACIONAL DOS EDITORES DE LIVROS, RJ

G136p

Gaio, Antonio Carlos, 1945-
Parábola de um novo tempo : tudo tem seu tempo: o resgate da espiritualidade / Antonio Carlos Gaio. - 1. ed. - Rio de Janeiro : Vermelho Marinho, 2025.
230 p. ; 21 cm.

Inclui bibliografia
ISBN 9788582654316

1. Filosofia e religião. 2. Espiritualidade. Autoconsciência. I. Título.

25-97921.0 CDD: 201.61
CDU: 2-1

Meri Gleice Rodrigues de Souza - Bibliotecária - CRB-7/6439

05/05/2025 09/05/2025

VERMELHO MARINHO

EDITORA VERMELHO MARINHO
Avenida Gilka Machado, 315 – bloco 2 – casa 6
Recreio dos Bandeirantes – CEP: 22795-570
Rio de Janeiro – RJ

SUMÁRIO

APRESENTAÇÃO 9

O POÇO 13
- Creio no Senhor Meu Pai 19

TAILÂNDIA
- Pobre de espírito 31
- Reativo 45
- Soltar o balão 61
- A lenda do elefante branco 69

CHINA
- No rastro de Hong Kong e Cingapura 79
- Taoísmo 87
- Precursores e o engenho da China 97
- Marco Polo 103
- A religião é o ópio do povo 107
- Os guerreiros terracota 125
- O imperador e suas concubinas 131
- Pato à Pequim 137
- O espírito das muralhas 145
- Abre e fecha ao estilo do Yin Yang 149

CALIFÓRNIA
- Espírito desbravador 161
- Aversão aos rituais 171
- A Igreja de Cecil Williams 175
- Marxistas e agnósticos 187
- Gays, uma questão de física moderna 193
- Lake Tahoe e o eremita 197

PARÁBOLA DE UM NOVO TEMPO 203
- O resgate 215

FONTES CONSULTADAS 227

Dedicatória

Eu não seria capaz de escrever esse livro sozinho se meu coração e mente não encontrassem um canal aberto para que meu pai, e outros espíritos, me guiassem num ambiente de absoluta união, harmonia e congraçamento proporcionados pelo mentor da aproximação – meu avô, Manoel Jorge Gaio. Aflorando em mim a espiritualidade subjacente para realizar a difícil travessia rumo a um novo tempo que me recuperou da cegueira espiritual, pleno de paz e fé que me permitem dedicar ao meu querido pai, Jorge Manoel Gaio, o capítulo do Perdão.

APRESENTAÇÃO

Parábola de um Novo Tempo nasceu de uma viagem à China, Tailândia e Califórnia em março de 1996, quando normalmente reservo um tempo no hotel para registrar impressões ao longo de minhas andanças que me servirão para futuros livros ou crônicas. Durante os preparativos que antecederam a viagem, fui surpreendido por uma vidente que, no início de minha trajetória como escritor e ainda não tendo nenhum livro publicado, previu a elaboração de cinco livros nos próximos sete anos correspondentes a um ciclo. Pois bem, a profecia cumpriu-se em novembro de 2002 com a conclusão da escritura de *Parábola de um Novo Tempo*, incluídos na cota dois livros publicados.

Na véspera da viagem em que iria dar a volta ao mundo, apareceu o primeiro capítulo *O Poço*, pronto na minha cabeça (até o parágrafo que principia em Ponto de partida), que redigi a mão e levei debaixo do braço. De cara, não me agradou, achei estranho, esforçando-me para reescrevê-lo durante e depois da viagem, sem saber o porquê de minha rejeição, e não consegui. Desisti de tentar transformá-lo quando me apercebi que todo o material gravado nas longas noites do Oriente guardava uma harmonia e coesão correlacionadas ao tema da espiritualidade.

Se tivesse me socorrido de Machado de Assis em "Memórias Póstumas de Brás Cubas", aliviaria a incerteza: "o melhor prólogo é o que contém menos coisas, ou o que as diz de um jeito obscuro e truncado".

Ato contínuo, o livro se expandiu para o resgate da espiritualidade que perpassa por todo o percurso do personagem pelo budismo da Tailândia, pelo taoísmo da China e pelo evangelismo na Califórnia. Na esteira da queda do Muro de Berlim, constata que ruíram a exigência de comprovação científica para o sentido da vida e do Universo – o agnosticismo – e a doutrina contemporânea mais divulgada do ateísmo materialista que é o marxismo, sepultando em seus destroços a inconsistência de qualquer saber ou sentimento calcado no Deus absurdo que nos legou essa existência (Sartre), no Deus como instrumento de fuga (Nietzsche) e insensível ao sofrimento humano (Schopenhauer).

Entre desbastar o material compilado, as pesquisas realizadas e estudos feitos sobre Budismo, Taoísmo e Espiritismo, transcorreram mais de seis anos de recolhimento, concentração, meditação, reflexão, paciência e tranquilidade, necessários para atrair influxos inspiratórios e concluir a Parábola. Refletindo uma época de espiritualidade aberta a diversos canais que, ao final de tudo, somaram quando passaram a fazer parte de uma mesma irmandade que igualmente professavam solidariedade, fraternidade e amor ao próximo.

Parábola de um Novo Tempo é a história de um agnóstico que, não encontrando mais sentido na matéria da vida, é objeto de uma cirurgia espiritual e se divide em três entidades, que se dirigem à Tailândia, China e Califórnia, sofrendo uma experiência espiritual no budismo, taoísmo e evangelismo, respectivamente.

O Ocidente sempre se posicionou de costas para o Oriente. Ignorando a civilização chinesa, que se formou como nação a partir de 200 a. C. e nos legou bússola, carvão (como fonte combustível), chá, seda, porcelana, moinhos, pólvora (como fogos de artifício), papel (Gutenberg só viria a imprimir a primeira Bíblia 700 anos depois). Desconhecendo que a mitologia da Índia é uma obra de arte comparável à grega e que há mais de 6 mil anos seus deuses nos remetem à espiritualidade da reencarnação, do carma e da meditação, em que o racional não entra em choque com o irracional, pois ambos se complementam. Os conceitos de reencarnação e carma somente chegaram ao Ocidente como doutrina no século XIX, através do espiritismo de Allan Kardec, de tão grande penetração no Brasil de Chico Xavier.

A Ásia sempre foi o berço dos grandes gênios espirituais que abriram caminho para que o homem se familiarizasse com elementos de ordem divina, mística e transcendental em oposição à água, ao ar, ao fogo, que circunscreviam o leigo ao profano da terra. Sob a forma de lendas, poesias, epigramas e provérbios, construíram-se filosofias que inseriram o homem na necessidade de se deixar conduzir pela grande cosmo-consciência, e não pela pequena ego-consciência. A cosmo-consciência é que atua sobre o ego sem regê-lo, provocando o indivíduo a bem se autogovernar e a sofrer as consequências de seu livre-arbítrio. Distante, portanto, da visão ultrapassada de ser ele o centro do universo.

Por outro lado, constata-se a obsessão imemorial dos chineses por encerramento, em manter os estrangeiros longe de suas casas: conservar-se vivo dentro de seu próprio mundo e de costas para qualquer coisa que venha de fora. A impressão que se tem da China é de que ela é voltada para o seu umbigo, para o seu interior, de costas para o mar. Em compensação, a arte incomparável de seus jardins reflete a paisagem idealizada, desenhada para brotar a majestade da natureza e criar a sensação de paz. Devem ser vistos tal como se desenrola um pergaminho, pouco a pouco, até desembocar em pontos pitorescos, propiciando uma sensação de surpresa, que faz parte da arquitetura do jardim. Você jamais sabe o que o espera em cada canto ou curva. Lagos tranquilos, árvores em miniaturas, grutas e colinas artificiais, e para acrescentar um elemento humano, pavilhões e pontes que ziguezagueiam, para espantar os maus espíritos, aqui e acolá. Conjuntos de pedras misticamente combinados ressaltam que o jardim é resultante do gosto, da vocação, da essência da alma do chinês em intervir no jardim e desenhar seu espírito, mesmo nos grandes parques, cujo design não guarda paralelo com o do mundo ocidental.

O Oriente nos ensina a saber esperar. A saber captar os sinais que a vida dá, a saber ouvir o que as badaladas dos sinos anunciam em forma de parábola. Os sinos orientais acentuam a sacralização contida nos mantras entoados em cerimônias budistas ou indianos que nos põem em contato com o sublime e o transcendental. Assim como o som aliciante dos muezins dos minaretes de mais de 700 mesquitas em Istambul, conclamando os muçulmanos às orações cinco vezes ao dia. Assim como os sinos das 365 igrejas católicas em Salvador. Por quem os sinos dobram? Os sinos celebram o esplendor da vida e também a morte, que, embora triste, faz parte do mesmo espetáculo. Toda vez que os sinos tocam, badala em nós uma infinidade de sensações e lembranças, e de cantar a música de Gilberto Gil "Se eu quiser falar com Deus": tenho que ficar a sós, tenho que calar a voz, tenho que encontrar a paz, tenho que folgar os nós. Enfim, nos irmana e harmoniza com a Natureza, dilui a confrontação com o próximo e sossega os sete pecados capitais. Seja qual for nossa crença, religião ou perspectiva de vida.

Se somos o resultado do acúmulo de experiências de bilhões de anos passados depositadas como sementes na consciência, esse é o nosso carma, não o nosso destino. O verdadeiro fim é mudar o destino com a nossa prática, o nosso livre-arbítrio. O que arquitetamos hoje é a casa em que iremos morar amanhã. Não adianta alegar que não sabe o que faz ou que não pratica o mal. O carma está criado e a responsabilidade é de vossa magnitude.

Esta é a exegese de *Parábola de um Novo Tempo*.

Antonio Carlos Gaio

O POÇO

Quem habitualmente reclama e desfia lamúrias à custa de outrem, atrai o derrotismo, companheiro fiel e presente em todos os momentos. Esperar que os outros entendam o que você pretende ser na vida, colocando-se no centro do mundo, é exigência tola e infantil. As pessoas só irão notar que você existe quando procura tornar concretas suas ideias. E ideias, inevitavelmente, seduzem esses deliciosos e incautos ingênuos que teimam em acreditar nos sonhos. Ou aborrecem os seres imersos em responsabilidades e deveres, que não têm tempo a perder com essas bobagens.

Não que se pretenda abjurar o carnaval de bloco de rua, onde se pode brincar com o sol a pino e dormir cedo para outro dia de folia, novinho em folha. Não que se pretenda renunciar ao futebol de domingo no Maracanã. Não que se pretenda negar o sol que nos empurra para a praia, cheios de orgulho por um país que não faz jus a exaltações patrióticas, em torno de um engradado de cerveja, demonstrando que sabemos conversar a sério e rir muito, aparentando um regozijar que não engana a ninguém dos maus pedaços que está passando.

E quando carnaval, futebol, praia e cerveja não mais satisfazem? E quando você procura outros que anseiam por desgarrar-se do rebanho, mas que preferem usufruir do gozo fácil, no corpo de uma mulher que almeja ser valorizada e respeitada, ou optam por enrustir seu asco pela superficialidade, em troca do aplauso delirante, quando se reveste de destaque apolíneo de escola de samba? Por que empacam sob a leve menção de dar partida a algo mais profundo que pulsa encerrado em sua alma?

A religião é como o prego: quanto mais se bate, mais fundo ele vai. Deus me livre e guarde de ser presa fácil do sectário universo religioso, que rege suas doutrinas com o intuito de incitar os indecisos à conversão. Confesso estar perdido, mas não quero ficar sujeito a interpretações da Bíblia e tentativas de expurgar a culpa pelos horrores da Inquisição, quando queimaram seres e saberes. Confesso meu cansaço, mas não quero ser afogado na cerimônia de batismo, com água entrando pelo nariz, para me converter em um crente. Confesso não saber o que procuro no momento em que espíritas explicam as misérias humanas através da resignação cármica e da crença em reencarnações, esfriando a emoção das tragédias nas sagas das famílias. Confesso ainda estar perdido.

O que importa é seu espírito ter paz e conforto para gozar de boa saúde. A querer construir. Com vontade, força e fé. Pleno de criatividade e prazer. Caso contrário, a doença se instala muito antes que a autossuficiência e a petulância do homem permitam admitir.

O que não elimina a hipótese de, ao estar se deliciando sob a sombra de um coqueiro, com o vento a embalar os seus devaneios, repentinamente irromper uma dor que vai despertá-lo para uma realidade adormecida, da qual não tinha conhecimento, cuja finalidade seria demovê-lo do confortável coma na cama em que repousa, hibernado, para reiniciar a subir mais uns degraus dessa escada sem fim.

Que agonia descobrir onde começam e terminam os novos obstáculos postos no circuito e qual o seu significado!

Se a alma trôpega, indefesa e carente passar incólume em meio aos atrativos ofertados pelas inúmeras seitas, para diminuir a dor e curar os males que, em verdade, consagram a vital inquietação deste planeta, a tendência é a de ser abraçado pela variada gama de caminhos sinalizados pelo esoterismo. Sendas essas não menos complexas, por nos investir na sensação elitista da descoberta de uma verdade mais inteligente do que as outras. Tal e qual o andrajoso e barbudo eremita de cajado na mão, fiel imagem do fim de alguns que se julgaram superiores aos demais. Irresistível inspirar-se no velhinho de barba branca, que mora lá no alto, no céu.

Por que nos encontramos combalidos, afetados pela brutalidade do real, detestando no que nos transformamos? A ponto de baquear e não mais lutar por algo que poderia redundar em sofrimento, mas, por outro lado, reverter no nascedouro de inúmeras razões para voltar a ser feliz. Prefere-se, no entanto, correr atrás do prejuízo e do fantasma da morte, já que a insegurança é a tônica do mundo tecnológico de hoje, assumindo mil faces que nos aterrorizam e nos convertem em hipocondríacos à espreita de um mal fatal onipresente na sociedade.

Neste exato momento é que dá vontade de transcender, despregar-me da matéria e libertar-me das amarras, do meu corpo inerte, mas vivo, no leito, no estado de enfermo, ressentido com o trabalho duro e necessário para sair do buraco em que me meti.

Para libertar-se desse condicionamento imposto pela sociedade, o homem tem que se transformar num viajante. A saltar de barco em barco, muito antes que comece a fazer água, até se encontrar, quando se liberta e desvencilha de sua alma anterior, inútil e pesada. Uma verdadeira peregrinação, ao melhor estilo do caminho de Santiago de Compostela.

Não há mais como protelar. O cerco se estreita, os amigos me examinam minuciosamente, entre invejosos, incrédulos e torcida organizada. Não há como apelar para a falta de coragem após tantos altos e baixos. Se não ousar, restringe-se a capacidade de ser feliz.

Ponto de partida para restabelecer a vida dentro de mim, aceitar as perdas e não me revoltar contra o destino pelo que me reservou, em contraste insuportável com o idealizado.

Sofri em pensar nas 24 horas imprensado no espaço aéreo que separa o Ocidente do Oriente e resolvi dar um passeio no bosque enquanto seu lobo não vem. Os lobos não foram extintos e continuam a existir para comê-lo, se não tomar cuidado em manter-se vivo e bem protegido.

Quando alongava a perna para iniciar a caminhada em direção ao cume da montanha, deparei-me com Tomé, que trocava o pneu furado do carro, bem em frente ao Parque Nacional da Serra dos Órgãos. Interrogou de chofre:

– O que é que você está fazendo por essas bandas?

– Vou fazer uma caminhada até a Pedra do Sino.

– Caramba, 2.263 metros!

– Isso não é nada para você, não quer ir junto?

– Estou construindo uma casa em Teresópolis...

– Larga disso, do cume se avista a Baía da Guanabara, o Dedo de Deus, Corcovado...

– Só Cristo salva!

– Então, olhe só para baixo e admire as éricas, bromélias e orquídeas.

– Que é que está acontecendo contigo? Quase não sai de casa, não tem tempo para conversar com os amigos... abandonou seu inseparável companheiro de andanças – completou com um sorriso tristonho.

Afinal de contas, uma amizade amamentada nas fontes da adolescência, das brincadeiras e do transgredir, sem medo do futuro, não podia morrer à beira da praia, depois de atravessado esse oceano imenso que separa cada ser humano do outro.

– Amanhã porei os pés no solo asiático.

– Quê?!

– Graças à diferença de fuso horário, o amanhã já é hoje no Oriente. Aperte o passo que eu te explico tudo no caminho.

Modulado por uma fisionomia tranquila e feliz, parecia que eu iria rever parentes há muito não vistos.

Tomé desconfiava de sua própria sombra. Qualquer coisa que lhe cause estranheza o desanda em uma criança curiosa e sôfrega. Por obra de Satanás, indaga colocando pedras no sapato:

– Você vai fazer essa viagem toda sozinho? Sem ter ninguém com quem trocar ideias?

– A sua sorte é que não vai sentir falta de ninguém. Ou você passou por alguma desilusão que não me contou?

– O que é que você vai fazer tão longe? Não é perigoso?

Percebendo o estupor de Tomé, resolvi dar uma mão e narrei um sonho de olhos abertos, no alvorecer do sol de amanhã, desacobertado do sono profundo e sem que eu pudesse controlar a manivela da moviola que roda o filme.

Eu me via de costas, trajado conforme a indumentária chinesa, desde a sapatilha até o casquete, obedecendo à tradicional cor vermelha. Complementando, a trança.

Parado defronte a um poço, sustentando dois baldes equilibrados por um eixo de madeira.

A forma do poço sempre permaneceu inalterada, como símbolo de que a essência da natureza humana – a exemplo de suas necessidades primordiais – é idêntica em todos os seres. O poço se manteve imune à decadência de civilizações e à fúria de terremotos, inundações e secas.

Faço descer os baldes e me debruço sobre o poço, até que a escuridão encubra meu rosto. Água, força vital, estática. Reage à provocação de uma pedra jogada e, através de círculos concêntricos, abandona seu mutismo e fala. Implora que a libertem, para que aflore e beneficie a todos. Se ela não der de beber a quem está morto de sede, a fonte seca. E tudo à sua volta deixa de existir.

– Eu me sinto pronto para retirar a água. É urgente ir fundo nos fundamentos de nossa existência. É soporífera a ordenação superficial em que nos baseamos para honrar o direito à vida. Dá azia não satisfazer às necessidades mais profundas. É o mesmo que não fazer qualquer esforço em reestruturar-se, como se a cada dia tivesse que reproduzir o percurso de ontem, marcando passo, conforme o fuso horário dos doidos varridos nos melhores manicômios da praça.

– Vejo em você a raiz de uma árvore, emaranhando-se em direção ao fundo da terra para buscar água e trazê-la para cima, na metamorfose de que as folhas florescem.

– Por que ninguém bebe do poço, se ele está limpo?

– Quer dizer que você só bebe se os outros beberem? Aceite o risco de depender dele e esqueça as mágoas arquivadas em seu peito. Essa liberação requer equilíbrio e cautela para não se perder. Quem se põe a perder se condena ao abandono. O decisivo em relação a um poço é que sua água seja retirada. Com suavidade.

Quanto mais subíamos a Pedra do Sino, o ritmo da conversação diminuía na mesma intensidade. Um ao lado do outro, mais próximos do que antes. Uma leve brisa entra sem se anunciar e alegra a Mata Atlântica, dispersando o que não precisava ser dito. De alma limpa, em nada pensando:

– Quero acreditar agora!

– Detesto fazer mala. Ter que separar roupas para inverno e verão... dá uma preguiça!

– Preciso atravessar essa ponte...

– Não se preocupe, você está preparado para essa viagem. Depois me conta como são as mulheres orientais.

– Acho que não vou ter tempo para isso.

– Falou em Oriente, o que vem à cabeça é *Kama Sutra*.

– Não quero parecer chato...

– Você vai ver que beleza é a eficiência dos tigres asiáticos, que impressionante a sua capacidade de trabalho e disciplina!

– Prefiro ir atrás do que essa nova ordem ainda não conseguiu destruir.

– Precisamos comemorar a sua despedida! Terminemos logo essa caminhada para tomar uma caipirinha.

– Só na volta. Eu estou aqui, mas a minha cabeça já embarcou.

Creio no Senhor Meu Pai

Acendeu-se o sinal verde. Como meu pai já havia morrido há muito tempo, urgia me desvincular espiritualmente do senhor meu pai: "Pai todo-poderoso, por que me abandonaste?".

Tu me abandonaste, em silêncio. Teria sido melhor ouvir "quero distância da família!", "eu não quero mais saber dos filhos!", "para que eu fui ter filhos?", "vou-me embora para bem longe!". Deixar claro um sentimento de antagonismo que confirmasse minha sensação de inutilidade desde que aprendi a falar e andar.

Todo mundo é livre para abandonar todo mundo, e a consequência é a solidão. E o travo de que a relação duradoura pode não ser sadia. Daí eu ter apelado para a busca angustiada pelo amor e sua pretensa expressão maior – o sexo –, movido por um sentimento de fracasso íntimo e infelicidade profunda. A um passo da compulsão. De nada adiantou me exilar no Alasca ou na Finlândia, a família não arredou o pé das lembranças.

Prostrado no meu berço, olhando sempre para cima, nunca vi seus lindos dentes brancos saudarem o filho que nasceu. Nunca o vi sorrindo de satisfação pelo leite derramado na mesa. O prazer no eu ter sido gerado foi substituído pelo castigo infligido à sua alma que escorregava para a palmatória. Sei lá quando iniciei a pensar, e o descrédito era total. E, do pouco que ouvia, replicava com o austero "não acredita em Deus?". Sequer se fazia presente para que eu pudesse invocar o abandono.

Consequência direta foi fugir da cruz e escafeder-se da *via crucis* que nos obriga a encarar e aceitar nossos pais tal como eles são e não como queríamos. Há que perdoar o pai e apagar os rastros da mágoa. Mas, como? O que importa é deixar de ser filho e passar a ser pai de si mesmo. Adotar-se, assumindo a própria paternidade, libertando-se da intolerância com as absurdas imperfeições que habitam pai e mãe, herdadas por nós. Como se tivéssemos um mandato divino que nos confere o maior grau de virtude a que alguém pode chegar.

Para que não repita os mesmos atos que sempre julgou abomináveis em seus pais, tornando-se prisioneiro de si mesmo e exigindo dos outros o que de fato exige deles, é necessário abandonar esse status ridículo de filho que ainda culpa os pais pelos seus fracassos e vivenciar o que está descrito nas Escrituras, liberando faíscas que darão partida ao Ser--Homem. Combatendo o medo de acreditar em Deus, seja qual for o que vier a internalizar. Caminho que irá recuperar o Deus que sempre habitou em você, e você negava a todo o transe. Negava porque procurava corporificá-lo à sua frente, como um companheiro-irmão. Negava até que o procurasse – fora de si – porque o havia matado na consciência.

Com arrogância e rigor inquisitório, Deus foi declarado culpado pelo fato de eu não ter sido criado no seio de uma família normal – em que a criança vai deixando de ser criança, sem que o adulto interfira e atrapalhe suas brincadeiras.

Passei por tantas experiências sem me aperceber de como vivia à mercê da insensatez, não perdendo a chance de manipular minha teimosia, pelo motivo fútil de me observar cometendo os maiores desatinos. Causou tamanho pânico que provocou tonteiras, suor frio e ressecamento da boca, obrigando-me a ajoelhar e implorar a Deus o fim do sofrimento.

Ou seria eu o escolhido para o martírio?

A agonia e a angústia teriam que ceder espaço para que eu pudesse mergulhar na dor. Tornar-me íntimo dela, viver o luto das perdas, perder o medo de encará-la. Na solidão da mais longa das noites. Não podia continuar a viver sem nenhuma espiritualidade. Pouco importa se existe vínculo religioso ou não.

Um vento frio outonal começou a soprar, a coberta longe no chão, a preguiça lutando para não ser expulsa. Desperto de um sono duradouro ao qual havia me acostumado. Escapando da solitária, livre das correntes do bom raciocínio, da lógica e do apelo ao senso comum, para abraçar o que é intuitivo, mágico e paradoxal, onde a supremacia do pensamento e da linguagem não consegue precisar o que significa tudo isso.

Não obstante o extraordinário crescimento da ciência e tecnologia, as palavras falham bisonhamente em tentar explicar a essência do nosso conhecimento, obrigando cada um a sofrer a experiência direta da realidade.

Sempre que observava aquela casa no cocuruto de uma ladeira, os portões escancarados me convidavam a entrar. As orelhas abanam de curiosidade pelo aspecto mal-assombrado: janelas despencadas, cipós e raízes emaranhando o jardim, ar desabitado. Sobreveio-me a certeza de querer ir aos confins, à Cochinchina, ao Oriente, à China.

Sobe, sobe, sobe, parece não ter fim. Sequer um arremedo de platô para dar a ilusão de que se descansa. Enquanto subo, rumino pensamentos, para abrir clareiras na mente e acampar algo que constantemente escapava sem que eu esboçasse a mínima reação para evitar.

Fui atrás do impossível. Um cartão que permitiria entrar em territórios restritos a chineses. Com face de moeda e informações sigilosas que me identificariam como de absoluta e integral confiança às comunidades chinesas, seja em Cingapura, Hong Kong, Macau, Taiwan e até mesmo na Tailândia.

Entrei direto e cruzei com inúmeros chineses vestidos de Kafka, cujo único gesto era apontar o corredor ao fundo. Kafka não encontrou luz no fim do túnel da burocracia, mas eu estava otimista. O curioso é que não sentia o menor receio em embrenhar-me por entre os tentáculos do polvo.

Nenhuma tentativa em me obstar – pareceu-lhes prudente conhecer minha missão. Também, eu não lhes era estranho. Reconheceram em mim uma ascendência que remontava a seus antepassados e o respeito calou fundo. Porque precisavam sofrer essa experiência.

A inclemência do tempo pôs à prova a raça do chinês, ameaçando dizimá-la, como tantas outras. Acham irrelevante debater se o embalsamado Lenin deve ser enterrado ou não, junto com o comunismo. Por isso, principiaram um projeto secreto de dar ao chinês uma identidade mais condizente com o mundo globalizado – cuja realidade virtual é a clonagem – e, ao mesmo tempo, preservar a alma oriental da sanha dos predadores ocidentais.

Perigoso, muito perigoso, saber demais, e eu sabia, eles sabiam, mas precisavam extrair algo de importante que não sabiam. Nem eu tampouco. As condições para o pacto não poderiam ser mais seguras. Ainda assim, quando cheguei ao último pavilhão – não imaginava que o casarão escondesse um pagode – puseram na minha frente um garoto com cara de mago da internet, metido num jeans e camisa quadriculada, falante como um bom vendedor e convicto como um evangelista:

– Como soube do cartão?

– Internautas de Taiwan.

– Mas Taiwan é nosso inimigo!

– A internet é uma faca de dois gumes.

– Por que quer se passar por chinês, se você é cristão?

– Eu não sou cristão, posso ter sido ateu, e estranha-me vocês não procurarem investigar se sou comunista.

– Apenas nos preocupamos em manter nosso povo unido em torno do novo mundo que estamos construindo.

– Não irei riscar o céu que protege a China com a desagregação. Quero saber apenas o que restou de suas tradições, o espírito que reina.

– É disso que temos receio... como você nos descobriu.

– Sei que estão empenhados em integrar tudo que diga respeito à China, seja de onde vier e a que território pertencer.

– Mas não queremos que transformem a nossa casa em quintal dos outros nem que nos digam o que e como fazer para alcançar o bem-estar.

– Justamente. Muito sangue foi derramado para que se espiasse o pião rodar no meio da sala, de uma forma só, globalizada.

– Você me lembra aquele provérbio sobre três coisas que não voltam atrás: a flecha lançada, a palavra pronunciada...

– ...e a oportunidade perdida.

Agora só me resta subir alguns degraus e embarcar. Escada de avião é peça de museu, porque relacionada a tempos românticos de Casablanca, à zoeira das hélices e à turbulência que transformava o voo em montanha-russa. Desde que os aeroportos se transformaram em estações espaciais, as escadas cederam seu encanto a esteiras que nos transformam em carga, a passarelas que nos exibem como amostras da diversidade da raça humana, a corredores frios e impessoais que nos sentenciam à morte como se fôssemos condenados.

Oceano abaixo, pico nevado acima, luzes de megalópole à vista, desertos que abrasam, florestas que subtraem nosso oxigênio, o espectro da morte sempre presente. Que diferença faz se estou saindo da inércia para enfrentar o medo?

Viajei em companhia de bôeres, descendentes de colonizadores holandeses da África do Sul que deram início à maior discriminação racial do planeta. Embarcaram enfadados, a pele castigada pelo sol do Nordeste brasileiro, abarrotados de uísque, extenuados pela árdua tarefa em garimpar "mulheres" de 12 anos enquanto suas esposas caçavam os nativos.

Combate-se o tédio com promiscuidade. A brincadeira iria recomeçar entre os casais: cochichos no ouvido, bicadas no uísque do outro, risadinhas, furtar o cachimbo da mão e constantemente trocarem de assentos, desfazendo a ordem natural dos casais. *Replay* dos melhores momentos da modalidade de turismo a que se dedicaram no Brasil. Todo o resto do avião parou de dormir ou de fazer o que estava fazendo para assistir ao espetáculo.

De repente, um deles – louro, alto e demasiadamente infantil –, querendo se exibir, resolveu cantar à la Pavarotti no meio do alvoroço. Por sinal, cantava muito bem. O estridente dos agudos irritou o comissário-chefe, que o advertiu com o dedo em riste mostrando os passageiros sonolentos. Causou preocupação quando ele começou a cantar mais alto ainda, com a boca aberta, respingando de perdigotos a cara impassível do comissário.

Bôeres vikings *versus* anos de empresa, prudente a humilhação. Foi providenciada a imediata substituição por um subalterno baixinho e franzino, cuja tática de aproximação consistiu em ganhar a confiança dos sul-africanos mais ponderados até chegar no tenor e admoestá-lo ao pé do ouvido. Que se envergonhou e murchou como um menino bem-comportado.

Assombrações aguardam o momento adequado para azucrinar. Porque você nunca está livre de sofrer uma queda de pressão. Bem ali em cima do Oceano Atlântico. À medida que o tempo passa e acrescenta uma velinha no seu bolo de aniversário, você fica cada vez mais sujeito a descompensações em sua pressão. Mais obrigado a ter equilíbrio, senão, se ela desce, você desmaia; se ela sobe, você apaga.

Apavorei-me. Afinal de contas o espaço aéreo aumenta a sensação de estar rigorosamente só, distante da família, de todo e qualquer amigo, e de quem você mais gosta. Enfim, não podendo apelar para ninguém. Segurei meu amuleto com força e fiz uma reza que só eu sei e não consigo repetir. Lembrei-me do coqueiro, emborcado na preguiça, o olhar repousado nas folhas que conversavam com o vento... e você jura que nada vai acontecer.

A ideia que se tem a 10 mil metros de altitude é de estar viajando, na verdade, em direção a outro sistema planetário. Significa que, no instante em que começa a suar frio, a imagem não fixa, a visão turva e parece que você está saindo desse planeta e indo para outra galáxia, numa viagem sem retorno, a exemplo de quando as pessoas decidem entrar num disco voador. Para partirem de vez desse mundo. A entrada no disco é sempre brilhante, encantadora, envolvente, o fascínio te empurra a subir a rampa e embarcar. Porém, me detive no medo de abandonar minhas origens e referências.

Preferi solicitar à aeromoça um remédio para o mal-estar e a queda de pressão, o que provocou uma reação letárgica que me fez ficar sonado, sem saber onde estava, com uma sensação de ter ingerido um alucinógeno. Tanto que eu nem acreditei que o avião aterrissava para fazer escala em Johannesburgo. Que vontade de encostar em qualquer canto do aeroporto, ficar por lá mesmo, à mercê da liturgia do tranquilizante. Manter-me em pé e lavar a cara a toda hora refletiam o medo de que esquecessem de mim. Fui o primeiro a reembarcar no avião e no sono. Igual a uma Bela Adormecida, num verdadeiro sono encantado.

Tive a impressão de que adormeci por um bom tempo e, quando acordei, o avião ainda não havia partido. Indócil, sem saber por que a escala estava demorando tanto, por que não havíamos decolado. As janelas estavam todas fechadas para que os passageiros pudessem dormir e se adaptar ao fuso horário. Não me ocorreu abrir a janela, nem dispunha de forças suficientes. Inteiramente grogue, comecei a me irritar com a desorganização do voo. A propósito de que o avião não decolara e ninguém dera a mínima satisfação?

No que eu apuro os ouvidos, distingo vozes de aeromoças bem-humoradas servindo bebidas e amendoins, e passageiros chacoalhando os copos. Um absurdo, durante a viagem eu jantara e tomara o café da manhã. Não tem o menor cabimento servir bebida para distrair os trouxas, animados, conversando, sem reclamar de nada. O que está havendo comigo? E é só comigo? Que coisa estranha!

Cheguei a levantar e fazer menção de me dirigir ao comissário para que me esclarecesse por que o avião não estava no ar. Afinal de contas, o que está ocorrendo? Que irresponsabilidade é essa de não avisar nada a ninguém e ainda pretender nos embebedar para enganar, mascarando o voo atrasado... ou, então, eles estão com algum problema sério. Sim, porque quando o avião fica parado assim, algo de grave deve ter acontecido. E isso eles sempre tentam esconder dos passageiros.

Instalada a paranoia, levantei e uma comissária me perguntou o que desejava. No momento em que abri a boca para questionar por que esse avião não levanta voo, um passageiro abre a janela e o sol invade o avião, revelando as nuvens. Aí me dei conta de que o avião já estava voando há muito tempo. Baixei a cabeça envergonhado, engoli a pergunta e voltei para a minha poltrona. Adormeci novamente.

Pura consciência, é o que resta. Vejo Einstein atropelar a Lei da Gravidade de Newton, com um toque de elegância, ao afirmar que tudo é relativo no nosso tempo e espaço. Vejo os físicos quânticos conseguirem sua carta de alforria ao se libertarem da matemática superior e de projeções estatísticas para comprovar o que empiricamente descobriam. O caos, a força motriz do Universo.

Fico possuído pelo pânico que precede a morte psicológica, que grita para eu me agarrar a algo. Para saber quem eu sou. Venderam-me um plano de vida que não me serve nem me interessa. Sinto-me passado pra trás por todo esse embuste enfiado goela abaixo. Acho que vou morrer, não estou preparado para compreender o caos, ainda.

E se eu aceitar a sua presença? "Surfando nas ondas do caos", sussurra Timothy Leary.

Com os olhos cravados no que irá ser revelado, deu-se início à cirurgia espiritual que iria me tripartir. O transe é a anestesia em curso agravando a sensibilidade. Apercebi-me de que não estava sozinho. Os dedos dos pés são comprimidos para assegurar que a anestesia chegou na planta. Um corte longitudinal nas costas, suave e de gostosa ardência – se você acreditar, não dói.

A mão que opera não me é estranha: bem-feita, unhas cuidadas, firme como a de um pai. Mão que compunge, já magoou, abranda e se torna amorosa. Enxuga o pouco de sangue que verte branco. Pinça o ouvido para descobrir se há empecilho que obstrua a passagem da música. Colhe amostras do ar que respira. Espanta da nuca, o ponto mais cego do corpo, um minúsculo cometa amarelo, à semelhança do espermatozoide, que descansa da fadiga de exercer um domínio opressor sobre mim.

Examina o céu da boca e Ele está lá. Descobre o Filho Dele, que não foge à própria luta, no solo do ventre da Mãe gentil. Para coroar a Santíssima Trindade, falta encontrar o Espírito Santo e afugentar o receio de reconhecer que, mais do que a alma, temos espírito, que nos oferece um leque rico de opções para superar as frustrações advindas do materialismo, que nos condiciona a lutar pela posse do que julgamos merecer e invejar quem já o possui.

O número três popularizou o triângulo. Ao me tripartir, desconhecia, de antemão, o nexo que havia por entre essas três entidades. O fato de três espíritos serem gerados nos induz a pensar que somos absolutamente diferentes na essência de nossa individualidade e no egoísmo de nossos objetivos. O desafio, no gênero capa e espada, é justamente provar que há uma conexão entre as entidades. Tudo que existe na natureza, seja homem, réptil, inseto, bactéria, ou até mesmo a Via Láctea, são considerados todos, mas também são partes de todos maiores. Todos e partes estão interligados, são interdependentes, numa totalidade harmônica e funcional em que tudo faz sentido.

As entidades – ainda sem saber o que virão a ser – rumaram para Tailândia, China e Califórnia, mediante o aviso de que era chegada a hora de afastar-me da influência do meio em que vivia para entrar em contato com outros, mais abertos e receptivos, cuja leve brisa tilinta os sinos que anunciam um novo nascer do sol, regido pela bem-temperança. É de bom-tom não olhar para trás, senão eles irão segurá-lo pela camisa, transferirão a carga de suas incertezas e ridicularizarão o seu destino. O que irá acontecer só se saberá quando a viagem terminar.

Pousei na Tailândia.

Pousei na China.

Pousei na Califórnia.

TAILÂNDIA

Pobre de Espírito

Chego a Bangcoc e me deparo com um tigre passando por um grande *boom* em meio ao calor, barulho e engarrafamento. Banhada pelo rio Chao Phraya, todo ele navegável desde a antiga capital Ayutthaya, o que facilitou o desenvolvimento da Tailândia em torno de seus canais – os *klongs* –, afluentes e ilhotas. A maior parte já objeto de terraplanagem, que destrói a Veneza do Oriente e invade o território de uma população que vive em palafitas para fugir das inundações frequentes. Com o propósito de construir vivendas riquíssimas de quarenta andares e permitir que os ricos vejam os pobres à distância, mesmo porque ali é o seu lugar, o melhor, e os incomodados que se mudem. Os ribeirinhos, a exemplo dos índios, só se retiram por força da imposição. Que se busque um acordo entre as partes, senão essa cidade irá se afundar nas águas, como já aconteceu a inúmeros continentes perdidos.

Os Estados Unidos despejaram a bomba atômica para abreviar o final da guerra e não desperdiçar a vida de seus soldados inutilmente. Hitler e asseclas se deliciavam com cianureto, *kamikaze* era a consagração do piloto japonês, por que não a bomba atômica? O que eles não esperavam é que a bomba fosse atingir toda a Ásia – e de humilhação o asiático entende. A bomba acabou estourando nas mãos do Vietnã, que não foi escolhido para vingar, mas Davi derrotou Golias. Carcomido pela guerra, Davi restou só e assistiu Japão, Coreia, Taiwan, Cingapura, Hong Kong se tornarem grandes ao aprenderem a lição na mesma cartilha adotada pelos americanos. Antes que os estigmatizassem pelo fato de terem nascido pobres.

Uma inacreditável mudança de mentalidade que se tornou uma ameaça real quando, surpreendentemente, a China aderiu, abrindo mão de princípios ideológicos que nortearam a revolução comunista. Tradições deram espaço à competição desenfreada que chamuscou o topete do Tio Sam e quebrou sua mandíbula, visto que os orientais globalizaram e pasteurizaram sua forma de viver, padrão esse que assusta, porque atinge bilhões. É o fenômeno do refluxo: no que os Estados Unidos apertaram a descarga, desprezaram a massa e a regurgitação foi inevitável.

Há situações que pedem a atenção e o cuidado destinado a um idoso. Ou o extremado zelo da senhora estrangeira que põe o leite no pires para o seu gato de estimação. Acordo de manhã cedinho para logo sacar dos sonhos a atração do dia que me foi reservada. É preciso, portanto, uma guia tailandesa que satisfaça minha sanha incontrolável de ser curioso e que também saiba esperar, resignadamente, o retorno de meus frequentes ataques de dispersão.

Mai usa cores berrantes, verde e amarelo, a saia e a blusa em tons pastéis, cobrindo o corpo sem que delineie as formas. De óculos escuros e sombrinha. Confessa que usa sombrinha para evitar que o sol tórrido da Tailândia torne sua pele morena – escurecer é ser negro, e já basta a discriminação dos irmãos brancos do Primeiro Mundo.

Ela levou-me a conhecer o conjunto do Palácio Real e Wat Phra Keo (Templo do Buda de Esmeralda). No caminho, constatei uma quantidade imensa de flores nos jardins, nas ruas, nos camelôs – a preço muito barato –, o que confere uma ótima impressão, pois flores desarmam espíritos e decoram a alma. O budismo orienta que flores têm que fazer parte da vida de cada um todo dia, ao homenagear suas divindades, seus parentes, as pessoas de quem você mais gosta. O orgulho, em fala mansa, dispara:

– A Tailândia tem mais de 700 anos de vida, numa área do Sudeste Asiático um pouco inferior à França, encaixada entre Mianmar (antiga Birmânia), Laos e Camboja, com um longo istmo até a Malásia e logo abaixo das fronteiras da China e Tibet.

– Por que a capital foi transferida do interior para o litoral?

– A capital Ayutthaya, conhecida como a Bagdá do Oriente, atraía artistas, dançarinos e músicos estrangeiros, cuja influência enriqueceu mais ainda a cultura tailandesa. A fixação da capital em Bangcoc, em 1782, se deveu a constantes investidas da Birmânia, ao saquear as riquezas da Tailândia para suprir as necessidades de seu povo.

– Vocês são inimigos de longa data, não?

– Nós não atacamos, procuramos apenas nos defender.

– Parece até Esparta e Atenas. Birmânia, guerreira e repressora, e Tailândia...

– Sabedoria, arte, templos dourados, dançarinas cobertas de joias, elefantes ajaezados e artesãos a produzirem obras-primas em teca e esmalte.

– O período glorioso dos tempos do Reino do Sião.

– O Rei Mongkut imortalizou o seu reino no século XIX por sua diplomacia, numa época em que as potências estrangeiras se empenhavam em conquistar o Sudeste Asiático. Enquanto os seus vizinhos eram colonizados pela França e Grã-Bretanha, apenas a Tailândia conseguiu preservar a identidade. Muito culto e viajado, o rei passou 27 anos como monge antes de se tornar chefe de Estado. Socorreu-se de conselheiros europeus. Empenhou-se na restauração de tesouros nacionais. Pôs em marcha a construção de canais e estradas, integrando o povo tailandês.

Eis que me deparo com altos muros brancos que rodeiam o conjunto de palácios e templos do século XVIII, de tal modo preservado que você se transporta ao passado. Cada monarca acrescentou ao complexo seu traço, harmoniosamente mesclado à arquitetura de estilo vitoriano, napoleônico ou italiano. O Templo Wat Phra Keo se situa no centro, rodeado por uma grande quantidade de figuras douradas representando elefantes, dançarinas e criaturas míticas, e aloja um Buda de Esmeralda de 75 cm.

Mai começa a desfiar lendas que ilustram a história da Tailândia e observa que é comum o casamento entre chineses e tailandeses. Afinal de contas, foram os mestres chineses que ajudaram a construir essas maravilhas arquitetônicas que transformaram o Reino do Sião em um mundo de contos de fadas.

– O que eu não concebo era ver o povo prostrar-se diante do rei, de não poder encará-lo. De baixar a cabeça.

Mai não alça a voz e impõe respeito:

– Cada país do Oriente fala uma língua e tem uma escrita diferente, resguardadas residuais variações. A tailandesa difere até nos caracteres, nada tendo a ver com os ideogramas chineses nem com a escrita de outros países indochineses.

– Não entendo por que os asiáticos pouco avançaram na direção de formar um grande bloco, à semelhança dos europeus.

– Os orientais têm contra si um idioma distinto. Devido à língua espanhola, existe até mais união entre os povos latino-americanos do que na Ásia.

– Mas vocês têm um poderoso ponto de atração: o budismo. Quando se sabe que religião é usada como bucha de canhão para servir de pretexto a confrontações.

– Noventa por cento dos tailandeses são budistas ortodoxos. Ainda assim, cada um representa Buda de forma diferente. A China desenha Buda gorducho e risonho, em oposição ao eterno problema de saciar a fome de sua imensa população. Nós esculpimos Buda alto e com porte altivo, quando somos baixos e atarracados.

– E por que os orientais não são mais unidos?

– Acho que temos algum tempo para conversar até a hora de partida do cruzeiro no Chao Phraya. Sentemo-nos embaixo daquela figueira. Você conhece a história de Buda? – enquanto servia raspadinha de coco.

"No começo do século VI a.C., a Índia vivia uma época de luxuriante atividade religiosa e filosófica, comparável ao florescimento intelectual na Grécia. Por entre os seguidores da tradição brâmane, surgiam inúmeros grupos de ascetas em busca da plenitude da vida moral. Desgostosos com tudo que dissesse respeito ao fugaz e efêmero na existência humana.

O homem almejava a possibilidade de transcender a condição de que a dor é uma necessidade cósmica e o sofrimento, universal. O simples existir no tempo nos mergulha na incerteza e nos conduz ao pessimismo. De sentir-se perseguido e humilhado. Por isso, remava-se contra a maré de que no sofrimento se pode encontrar alguma forma de crescimento interior.

Buda nasceu em 558 a.C. Casou-se aos 16 anos de idade, deixou o palácio com 29, teve o supremo e completo Despertar aos 35 e, depois de haver disseminado sua doutrina pelo resto da vida, faleceu aos 80 anos. Sua lendária saga se inicia quando ele atravessa as portas do palácio e se depara com a doença, a velhice e a agonia da morte no reino que iria herdar de seu pai. Não era o paraíso em que havia sido criado. O príncipe Siddharta Gautama renuncia ao seguro mundo palaciano e se dedica à vida espiritual e a libertar o homem do sofrimento.

Durante seis anos, entregou-se às mais severas mortificações. Chegou a alimentar-se apenas de capim até que decidiu ficar imóvel e em jejum absoluto, deixando-se cobrir pela poeira. Nada lhe era desconhecido na variada gama das experiências humanas – desde contemplações místicas, transes da yoga, desapontamentos com amor e poder, até penúria e solidão. Ao não lhe restar senão um traço de sua força vital, finalmente compreendeu a inutilidade de todos os meios de libertação que recaem na austeridade excessiva.

Quando Gautama aceita de uma mulher a oferenda de arroz, ele se restaura e, após banhar-se no rio, escolhe uma frondosa figueira e senta-se ao pé dela, disposto a só se levantar depois de alcançado o Despertar."

Foi aí que eu me dei conta de que estava debaixo de uma figueira defronte ao Templo do Buda de Esmeralda. Quase na posição de lótus, indiferente ao alarido dos passantes. Com Buda entrando por um dos ouvidos enquanto o outro se esforçava para capturar *insights*.

"Pôde concentrar então todas as suas forças na questão central: a libertação do sofrimento. Percorreu o círculo vicioso de nascimentos, mortes e reencarnações regido pelo carma, recapitulando suas incontáveis vidas anteriores. Ao mesmo tempo, descobriu como romper esse ciclo. Desde então, ele passou a possuir as Quatro Nobres Verdades que contêm a essência do seu ensinamento: sobre a dor, a origem da dor, a supressão da dor e o caminho que conduz à cessação da dor.

A primeira Verdade diz respeito ao sofrimento ou à dor. Nascimento, crescimento, declínio, doença, morte. Tudo movido e causado pelo medo em mudar. A segunda Nobre Verdade localiza a origem do sofrimento no apego e no desejo de perpetuar os prazeres dos sentidos. A terceira Verdade proclama que a libertação da dor consiste em não se deixar dominar pelas inúmeras fontes de desejo. Finalmente, na quarta Verdade, você tem que vivenciar por si mesmo os caminhos que levam ao fim do sofrimento.

Nirvana é o estado de extinção da dor. As duas últimas Verdades sustentam que o Nirvana – confundido com felicidade inabalável – só pode ser obtido por meio de técnicas especiais de concentração e meditação.

Buda nunca se declarou fundador de religião nenhuma, nem profeta de Deus, muito menos seu enviado. Jamais aceitou dar ao seu ensinamento a estrutura de um sistema. Apenas defendia a ideia da impermanência, da contínua mutação em que o homem cria e recria a vida através de seus atos, bons e maus. Quando a ignorância e os pecados se alevantam, não só a vida perde o valor, mas o próprio Universo definha.

Somos o resultado do acúmulo de experiências de milhares de anos, depositadas como sementes na consciência. Esse é o nosso carma, não o nosso destino. O verdadeiro fim é mudar o destino com a nossa prática, o nosso livre-arbítrio. O que arquitetamos hoje é a casa em que iremos morar amanhã. Não adianta alegar que não sabe o que faz ou que não pratica o mal. O carma está criado e a responsabilidade é de vossa magnitude."

– Tenho a impressão de que alcançar a libertação no rodamoinho do sofrimento foi o ovo de Colombo do pensamento budista.

– Por mais que uma pessoa seja boa, ela pode vir a magoá-lo e você precisa perdoá-la por isso – acrescentou Mai.

– Eu não quero ficar apegado a um castelo que irá desmoronar. Se eu insistir no medo em mudar. Há mais de meu pai em mim do que gosto de admitir. Dizer a uma criança que sonhos são bobagens é menosprezar – seria uma tragédia se eu tivesse acreditado. Quero mudar este carma.

– Então, mude. Carma não é penitência para ficar expiando os pecados de outras vidas.

O navio apita, avisando que o cruzeiro através dos *klongs* do Chao Phraya se iniciará. Procuramos a melhor mesa do restaurante no convés superior para observar Bangcoc ao cair da tarde. A extravagante pedra no anel de Mai chama a minha atenção.

– A exploração de jade é ilegal?

– A rede de exploradores se multiplica pelos que escavam pedras e terra à noite, no transporte através de elefantes, resguardados por seguranças fortemente armados, cruzando densas florestas, até chegar aos centros atacadistas.

– Então o governo não finge fechar os olhos.

Apesar do alto grau de profissionalismo demonstrado no tráfico do jade e no mercado negro de artigos importados, o caos reinava por entre a superpopulação de *maîtres*, garçons e atendentes. Tudo maravilhosamente subdesenvolvido, em que a hipocrisia do atendimento requintado passa longe. Fui ao bufê para ver o que é que a comida tailandesa tem. Um amálgama das cozinhas indiana, chinesa e indonésia. Belisco procurando o afrodisíaco e a língua queima.

A culinária tailandesa resvala ora para o apimentado, ora para o sem tempero. A comida pode ser picante ou doce sem açúcar, prato salgado não tem. O salgado é o apimentado, e o prato leve é o doce sem açúcar. Mas se é doce, então que se ponha açúcar, e aí vira sobremesa. Mas não é tão doce assim, então que se ponha sal. Realmente, não sei quando devo botar açúcar ou sal.

À *la carte*, em busca de frutos do mar. O arroz veio em 3 minutos, a lagosta em 8 e o vinho em 10, que restou abandonado pois faltava o saca-rolha. O saca-rolha vem e não abre. Por favor, outro. Que enterra a rolha na garrafa. Agora falta o coador. Por vezes, a fome nos envergonha; acabei comendo a lagosta a seco e o vinho ainda estava todo lá. Uma gracinha de desajeitados – o sorriso sem graça inibiu minha irritação.

– Você precisa conhecer as fazendas de borboletas, onde se aprecia as inúmeras espécies em grandes jardins cercados por telas, para que a beleza não escape de nossos olhos. Que se espantam com a enorme variedade de orquídeas. As fazendas de borboletas refletem a imagem de leveza e delicadeza do tailandês, da beleza sutil...

Borboletas, orquídeas e vinho não combinam com celular e ser humano vociferando à minha frente – uma simbiose em ascensão. Ah, esses estranhos seres com seus celulares! Capazes de caminhar nas ruas falando sozinhos, com seus celulares. Andar à beira-mar, com seus celulares. Dar as costas ao pôr do sol, com seus celulares. Nem bem o avião desliga as turbinas, os orientais desandam a ligar seus celulares. Desde a Torre de Babel, os donos de celulares pouco têm a dizer, mas estufam o peito, abrem os braços e fazem questão de usá-los em público. Gente importante, séria e trabalhadora – "Sabem com quem estou falando?" – que transforma você em confidente a contragosto.

– Tua cabeça não para de pensar um minuto sequer, não é? Teus olhos não param de filmar aquele homem que não desgruda do celular e se lambuza com as ostras.

– A história desse patinho feio é idêntica à de inúmeros outros. Se exige muito da criança, que seja bonita, tenha um físico exemplar, proibido ser gordinha ou, pelo menos, que seja inteligente. Não, inteligência fica em segundo plano; primeiro, a beleza e o corpo. Os pais estão preocupados em mandar os filhos para a escola, mas, no fundo, dão mais valor à beleza. Quem não se enquadrar nesse biotipo irá crescer complexado; terá que compensar no estudo para mais tarde se dar bem como empresário, cientista, exímio vendedor. O importante é ser alguém na vida, conquistar prestígio social e, de preferência, muito dinheiro, porque aí o respeito virá independentemente da aparência. Aí sim, coitado de quem estiver na frente, porque ele vai descontar tudo aquilo que ouviu: "Ah, você é gordo! Precisa trocar esse sapato! Como você cheira mal! Que tanto você sua nas mãos? Nem parece com a irmã, a irmã é tão bonita! É burro demais! Só vive comendo! É preto, mas é bonito. Você é branca azeda! Quem é teu pai, quem é tua mãe, para ter-te feito assim?".

– Vocês, cristãos, vivem falando do pobre de espírito, ao se referirem às criaturas simples, despidas de orgulho, que tratam bem a todos sem fazer qualquer distinção. Nós, budistas, não somos o povo escolhido e lutamos contra o apego – querer reter tudo que amamos – porque sabemos que nada é permanente.

– Não, para nós, pobre de espírito é o superficial, de mente estreita, que amesquinha a vida, enfim, não tem sensibilidade para entender o mundo espiritual que o rodeia.

– Vocês também interpretam o pobre de espírito como alguém carente de fé e procuram convertê-lo. Enfatizam a culpa, ao preverem que irão se arrepender de seu comportamento quando desencarnarem.

– Não é bem assim. Cada vez mais observo algumas pessoas que se acham muito cultas e inteligentes, tão superiores que não dão atenção ao cosmo. Não concebem que nada possa existir que elas não conheçam.

– Temos que aceitar os que acreditam que a vida é apenas uma passagem pela Terra.

– Mas tem coisas que não dá para aturar. Imagine um sujeito feio, desde pequeno gordo, com óculos fundo de garrafa, dentuço, cabelo mal cortado, amarelo por falta de sol. De família com boa situação financeira, notabilizou-se pela inteligência e carreira rápida, plena de sucesso como advogado. O novo *status* levou-o a mudar o visual e andar no grito da moda, porque não se conhece nem sabe discernir o que lhe cai bem. Não é capaz de escolher o que seja adequado, daí ser fiel a marcas que lhe dão suporte, embora não se sinta à vontade quando veste grife. No limiar dos 40, separou-se de mulher e filhos, afirmando para quem quisesse ouvir: "Eu agora vou emagrecer, comprar uma moto, ser um advogado de procurar e ganhar causas para conquistar mulheres. Conquistarei todas aquelas que viraram as costas pra mim na adolescência e agora estão se separando. Na idade delas, não têm mais tanta disponibilidade para me recusar. Eu vou descontar esse tempo perdido, vou me vingar!".

– Existem histórias de reis e princesas no reino de Sião. Na medida em que essas histórias não se tornam realidade, elas acabam se transformando em histórias de sapos e bruxas, assustando as cinderelas que estão por vir e aquelas que ainda permanecem nesse reino.

– Ah, esse seu sorriso tão gentil faz-me recordar de quando era garoto e olhava para os adultos, dizendo que não queria ficar igual a eles. E perder o riso fácil. De como é gostoso viver a vida.

– Somos muito agradecidos a vocês por estarem aqui visitando nosso país.

– Nossa, nunca me senti tão bem acolhido assim! E essa sua simpatia... fala-se tanto em amor e a simpatia fica em segundo plano.

– O tailandês é um povo que faz questão de receber bem.

– As mulheres da Tailândia são conhecidas por sua beleza e graciosidade... hum, desculpe-me, mas tenho que fazer essa pergunta. Ainda não se passaram cem anos em que a mulher era considerada um ser subserviente ao homem, e a oriental era o modelo perfeito.

– Acho que Walt Disney se inspirou em você para criar o Grilo Falante.

– Nem tanto. Já fiz a pergunta.

– Respeitamos nossas mães e avós, ficamos felizes em sermos queridas pelo homem que amamos, não gostamos de hostilizar a imagem do pai de nossos filhos. Pois queremos que eles cresçam num mundo melhor, mais pacífico e tolerante com os maus passos. Há muita coisa por fazer no dia a dia, quase não há tempo com quem dividir atenções e cuidados. O ideal é dividir bem o que cada um deve fazer. Só através do respeito mútuo é que pode nascer o amor. Você já reparou que o passeio terminou?

– Ih, é mesmo! E o pior é que não me lembro mais do cruzeiro, por onde passamos nos *klongs*, não me fixei no rio. Não senti o tempo passar.

Descemos a passarela e ofereço uma flor a Mai.

– É lindíssimo o costume de vocês de dar uma flor para alguém, sem contar o gesto de extrema gentileza, que torna o restante do dia mais ameno.

– Noto que Buda começou a penetrar em sua alma.

– No Ocidente, o significado de oferecer flores está mais próximo de conquistar ou celebrar o amor. Confesso que nunca tinha observado as flores pelo prisma da cordialidade.

Mai acena com um doce sorriso.

Bangcoc é a fonte dos encantos da Tailândia, cujos chamarizes são o budismo e o Palácio Real. No entanto, não há como fechar os olhos para a prostituição, que atinge proporções alarmantes. A prostituição se transformou em emblema, através de prospectos, folhetos turísticos e classificados em jornais, formando uma imagem que é veiculada no exterior, com a anuência das autoridades.

Saí à procura de uma massagem para retemperar a sutileza de Mai, preocupado com o esqueleto moído, porque seria destroncado, puxado, contorcido, distorcido, apertado, futucado, quebrado, arrebentado.

Contudo, massagem existe para tirar você do fogo cruzado da tensão com a qual o novo dia pode atocaiá-lo. Serve para relaxar corpo e espírito. Para o oriental, é como se fosse escovar os dentes. Lava-se a mente enquanto se aperta o corpo onde o nervosismo atingiu aquele ponto em que se deseja gritar de dor. A mão, ensaboada ou suave ao tato, desliza e a mente viaja. Massageie meu couro cabeludo, ele precisa de cafuné, carícia é mais relaxante que massagem. Mas que se restaure o equilíbrio em minha espinha dorsal. Meus músculos retesados imploram por alívio. O pescoço sofre com a rigidez e anseia por mãos que o liberte. Comprima meu rosto para ver qual é a minha face.

Os endereços anotados ficavam na área dos hotéis internacionais, concentrados numa rua estreita sem saída. Congestionada por inúmeras casas de massagem de diversos estilos. Aí mesmo é que eu fiquei confuso. Afinal desconhecia qual delas procurava.

Não caia na besteira de ser flagrado numa esquina, parado com um pedaço de papel na mão. Vira chamariz, surge um montão de gente traficando massagem. Simplesmente ignorava que ali era um centro de massagens japonesa, tai e tailandesa. Deduzi que estivessem me oferecendo seus serviços profissionais, já que falavam um inglês capenga. Na dúvida, me deixei levar.

Tem certos dias que você está cansado de tomar conta de você, de prestar atenção no que você faz, de ver para onde vai. Aí você se satura, para a máquina, e se alimenta da vontade de que alguém decida o que é melhor para você. O risco é de se imbecilizar ao ser carregado para onde as pessoas querem, mas que descansa, descansa. Com um olho fechado e outro aberto, me deixei conduzir pelo mais afoito, que começou por explicar a massagem tai – somente nos pés –, enquanto se encaminhava para uma casa de massagem japonesa, cujo preço salgado e localização nos fundos de um prédio suspeito empurraram-me escadaria abaixo.

O que não o demoveu de me encaminhar para um lugar afastado, percorrendo becos, ruelas e guetos. O que me tirou do sério: sabe de uma coisa, vou sair fora! Andei em sentido contrário até um quarteirão onde se montava uma feira *hippie*, que bloqueava algumas ruas e impedia a passagem. Saltei obstáculos, pisei tabuleiros, derrubei ambulantes e cruzei incensos com o apressadinho nos meus calcanhares.

Voltando ao ponto de partida, fui abordado por um guia mais manso, que não se cansava de elogiar meu inglês e o café do Brasil. Enquanto conversávamos, foi me direcionando para uma casa de massagem em que o *maître* recebia na porta e conduzia os clientes a um enorme aquário. No lugar de lagostas no viveiro, a fina flor da beleza tailandesa, numeradas para serem escolhidas. É essa a grande atração da Tailândia. Pacientemente, tive que explicar que desde a adolescência havia rompido com a cultura de bordel, já que ele insistia em me levar a outros mostruários.

Ao se correr os olhos pelos jornais da praça, diversos anúncios lançam a seguinte indagação: "Por que ficar solteiro? Temos mais de 500 tailandesas decentes, atraentes, respeitáveis e educadas, querendo um companheiro. Única condição: estrangeiro e sincero". Pouco importa o teor machista, porque é direcionado a um mercado de carentes que precisam de uma mulher que jamais irá dizer não. Se invertêssemos o anúncio, elas procurariam um homem que não fosse autoritário, tão impositivo, com uma sensibilidade que soubesse distinguir o suave do meigo, enfim, o contrário do que a mulher não quer ver nos homens que frequentam as casas de massagem.

Finalmente, resolvo escolher um estabelecimento ao acaso. Acertei no milhar. A massagem de verdade, conhecida como *decent massage*, o oposto da corporal – que significa sexo. A massagista, um primor de ingenuidade, falava comigo o tempo todo em tailandês e estranhava a minha sobrancelha grossa. Eu respondia em português e assim se passaram duas horas. Ela achava uma graça tremenda nas minhas caretas de dor. Não que estivesse doendo, mas sempre se receia que o massagista toque num ponto sensível ou desencadeie algo nunca dantes explorado. Com as mãos, afastou algumas nuvens ameaçadoras e assobiou para outras formarem um colchão que amainasse o cansaço da minha busca.

No que pus os pés na Terra, atordoei-me com os anúncios luminosos, mal conseguindo desviar dos *tuk-tuk* (táxis-lambretas). Refugiei-me num restaurante inglês de poucas mesas. Diante da seleta companhia de um cachorro cego, fiz a besteira de pedir uma perna de cordeiro. A carne, que já era engordurada, veio no molho de hortelã que a tornou pior ainda. Ninguém entendeu quando fatiei o pernil e servi ao cão cego, contentando-me em cavucar uma enorme batata quente na casca, apenas evitando que a sofreguidão queimasse a língua.

Tomo o rumo de Phi-Phi.

Reativo

É a região paradisíaca próxima a Phuket, uma das maravilhas não relacionadas dentre as sete do mundo, ofuscada pelo comprismo de Bali. Circundada por gigantescos rochedos que emergem diretamente da superfície serena do mar, apontando para o céu, como que a indicar quem pintou a cor turquesa das enseadas. A construção foi uma impressionante proeza de engenharia, requerendo compromisso e tempo.

Situada num vasto arquipélago, o local é de embasbacar: quanto mais você se aproxima, centenas de túmulos redondos e portais de granito aparecem. Formados por uma grande pedra chata posta sobre duas outras verticais, lembrando os monumentos druidas. Somente algo muito importante para os antepassados faria valer a pena o esforço necessário para construí-los.

Seria um templo para a adoração das antigas divindades da Terra? Um observatório astronômico para marcar eventos significativos do calendário pré-histórico? Um lugar sagrado para o funeral de cidadãos influentes de sociedades primitivas? No entanto, o que importa é o que aqui reside.

Sabia que corria risco. Desencavar segredos intimida, a aventura é lírica, o desfecho não se encerra quando se acendem as luzes. Pôr os pés naquela areia branca, afastar as madeixas da mata, não dormir sob o piado de mochos e morcegos, desvendar o mistério dos locais sagrados.

Será que estou entre os druidas? Sacerdotes da antiga civilização celta que se espalhou da Irlanda até a Bretanha e parte da Península Ibérica. Estudando as forças ocultas da natureza e adivinhação nesses círculos de pedra, centros de forças telúricas e siderais para ativar energias – desde a dos cristais até a sutil, que penetra sem fazer rumor. Elegendo campos, florestas e árvores sagradas para suas cerimônias nos solstícios e equinócios.

O conhecimento dos druidas sobre as ciências antigas ia muito além daquilo que se praticava, transmitido oralmente apenas às pessoas devidamente preparadas. São conhecimentos arcanos, de grande significação, mantidos ocultos dos olhos dos agnósticos profanos. A mulher tinha um papel preponderante na cultura, vista como a representação da Deusa-Mãe, detentora do poder de unir o Céu (masculino) **à** Terra (feminino).

Só me faltava encontrar os portais de pedra que separavam o imaginário da realidade, para entrar em transe e despertar para a responsabilidade que tinha em mãos em função de meu próprio destino. Sei que era livre para cruzar o umbral dessa porta – o peso do que eu já havia vivido era bagagem suficiente, além da ajuda dos espíritos protetores cujo calor sentia no dorso das mãos. Magna a responsabilidade de passar esses conhecimentos adiante, desde que o ato seja livremente praticado.

Havia apenas que superar o temor de suas consequências, projetando-me em santuários druidas à sombra de um frondoso carvalho – a árvore da sabedoria –, e me submeter a rituais sagrados em que meu sangue seria derramado. Eu não me sentiria honrado como as virgens lançadas ao vulcão para aplacar a ira dos deuses. Mas é pura calúnia dos romanos, os druidas não ofereciam sacrifícios à sua divindade. Tinham o hábito de comemorar a lua cheia, especialmente o sexto dia, quando recolhiam o visco que crescia em seus carvalhos favoritos, ao qual atribuíam peculiar virtude e santidade. Misturava-se o visco à água, remédio para todas as enfermidades.

A tradição da ilha provém do animismo. Os primitivos enxergavam almas e espíritos por detrás de todas as coisas vivas e inertes do Universo. Os seres da natureza – animal, vegetal ou mineral – são todos dotados de vida. Soprando o barro, Deus animou o homem. Era uma crença pura na tentativa de explicar os fenômenos da natureza e que, na evolução, levou o homem a pressentir uma certa força, invisível, impessoal, que excede as forças naturais, e da qual não pode se apropriar. O animismo pouco a pouco se transforma em culto e surge a religião.

Hinduísmo, budismo, confucionismo, taoísmo, xintoísmo, messiânica, *hare-krishna*. Judaísmo, catolicismo, islamismo, igreja ortodoxa, luteranos, calvinistas, batistas, presbiterianos, mórmons, adventistas, testemunhas de Jeová. Espiritismo, umbanda, candomblé. À medida que a centralização se atenua no controle das religiões, vão se formando múltiplas seitas com os mais diferentes objetivos, muitas vezes diferindo apenas por uma singela interpretação de um texto sagrado.

Giordano Bruno não escapa de minha mente: foi condenado pela Inquisição, sofrendo torturas de todos os tipos. Antes de morrer, cospe no crucifixo dos que o assassinaram; quatrocentos anos depois, ainda não o perdoaram. O filósofo italiano acreditava que Deus é a soma de tudo quanto existe. De caráter místico, falava através de suas visões religiosas sobre o infinito cósmico e de uma nova concepção do homem.

Povoado por milhares de sistemas solares e com outros planetas contendo vida inteligente, existe uma vida que anima tudo, assim como os astros e os minerais. Nossos problemas provêm do fato de sermos espíritos limitados num Universo ilimitado. Choramos a lembrança de pretéritos episódios infelizes como recurso para ocupar a mente.

Preferível recorrer à cirurgia que extirpa traumas, devassando vidas passadas para descobrir quando fostes rei, rainha, todo-poderoso, a corte a vossos pés. Esquecendo-se de que o número de plebeus era infinitamente superior ao de nobres. Então, por que a história da carochinha na doutrina da reencarnação? Daí não ser estranhável a lentidão no processo evolutivo em apagar o brilho falso de tantos descaminhos que apenas nos induziram a erros que não mais desejamos repetir. Daí ser compreensível que continuemos a reencarnar no mesmo grupo de pessoas para desempenhar certos papéis – como amigos e professores –, trocando-os quando necessário. Enquanto outros retornam para medir forças em infindáveis lutas pelo poder e alcançar um maior aprendizado. No entanto, as disputas pelo exercício do poder são realmente difíceis de se enxergar objetivamente. Daí ser natural que sigamos nos esfalfando em conflitos, pois carregamos emoções como culpa, raiva e medo por inúmeras vidas. Seria o caso de perguntar por mais quanto tempo queremos ficar engajados, com tal grau de comprometimento, em uma falsa ideologia. Podemos escolher nos desembaraçar dessa guerra.

A questão não é que o homem possa reencarnar sob a forma animal ou mineral. Após encarnar numa forma humana, nossa essência corpórea pode nos conduzir a uma reencarnação em níveis inferiores. A despeito da natureza animal, prevalece a substância que prossegue em direção a outros níveis espirituais, influenciando fortemente sua evolução para o bem ou para o mal. É possível submergir tanto o humano, a ponto de o princípio do aperfeiçoamento não funcionar a contento. Neste caso, o homem, renascido, é literalmente um animal intelectualizado, tendo forma humana, mas sem consciência. Brutalizado. É não querer evoluir – melhor agir só na base do instinto.

Há situações que pedem a atenção e o cuidado destinados a uma criança de três anos cujas perguntas os adultos não conseguem responder. Até que ponto fui eu mesmo que elegi essa vida, até que ponto ela é minha própria visão? Até que ponto estamos conscientes de nossas escolhas? É preciso, portanto, um guia espiritual que me leve aos portais e compreenda a importância da minha missão.

Mianmar é a transliteração em birmanês de Burma, a Birmânia eternizada por Rudyard Kipling, formada por tribos mongóis, ex-colônia britânica, mergulhada em conflito étnico, uma das mais importantes áreas de produção de heroína do mundo, praticamente isolada do resto do mundo por seus líderes militares.

É de lá que veio Yuste, meu guia, de fisionomia *babyface*, acendendo um cigarro no outro, adorando doces, proibido de comer porco, consumir bebida alcoólica e mentir. De grandes olhos negros ovulares, cuja negritude absorvia toda a luz disponível canalizada para a sua visão microscópica em meio a um rosto redondo, onde o nariz era apenas um vestígio de face e a boca um mero mecanismo de absorção de proteínas. Um médium com poderes telepáticos e comprovadamente receptor de várias mensagens, porque desencadeou em mim um temor ao ser perverso ou brincalhão com intenções dolosas.

Logo se instalou uma comunicação entre dois seres conscientes, de forma direta, mente a mente em arena ufológica – terráqueo *versus* alienígena. Leio em sua mente ser minoria oprimida com o poder de se tornar invisível, imune às balas disparadas pelos inimigos, ao lado dos espíritos de cinco mil soldados para conquistar um lugar ao sol. "Por que um homem choraria?" Assim falou a reencarnação de um herói que enfrentou tribos, arrasando, queimando e assassinando, inspirado em seus antepassados mongóis, cujo lema ressoa forte em meus tímpanos: "Se você não tivesse tantos pecados em suas costas, Deus não teria enviado um castigo como eu atrás de você!".

Não move um músculo do rosto quando manifesto o desejo nervoso de querer transpor imediatamente os portais. Torce o nariz quando exalto a simpatia pela Tailândia, cordial inimiga da Birmânia. Supersticioso afundado no mais profundo silêncio, desconfia do meu cordão de ouro com talismã significando corpo fechado. Não se contenta em ver com os olhos. Faz menção de tocá-lo – recuo. Ele fez a leitura certa, pensei.

Pedi que fôssemos no dia seguinte. Ele me acalmou dizendo que o ritmo do local é mais lento, que não havia necessidade, que primeiro conhecesse a ilha, que deixasse os portais para depois. Contrariado, acatei as instruções.

– Em breve você estará defronte dos portais de pedra, a um passo de seus espíritos protetores – e se apropria de meu cartão com face de moeda, alegando ser necessário ao meu ingresso.

Chegado o dia, acordei antes da hora, preparei-me todo, mal pude tomar o café da manhã. Fiquei esperando Yuste no hall do hotel, antes mesmo das outras pessoas acorrerem. Inicia-se o alarido de buzinas de ônibus, camionetas e vans. O tempo passando e o número de turistas no saguão diminuindo... Surgiram outros guias e meu dedo, aflito, verificava se meu nome constava da lista deles. Na confusão, o inglês do tailandês vira outro idioma, e a escrita em tai só é inteligível para eles.

Até que suspeitei que alguma coisa de estranho estaria por vir. Desconfiado, resolvi ligar para a agência de Yuste, mas a secretária eletrônica avisou que só começaria a funcionar mais tarde. Liguei para sua residência. Já havia saído. Liguei para o celular. Estava desconectado. Um guia não pode deixar o celular desconectado justamente nessa hora.

Quantas vezes um homem vira o rosto fingindo que não o vê? Olham para mim e não me reconhecem como oriental. Não é que virem as costas, mas davam informações evasivas. Não se furtavam a mirar-me de frente, mas meu desespero não os comovia. Ninguém se ofereceu para descobrir o que estava acontecendo. Nem eu quis dar um passo nesse sentido. A angústia começou a desviar os orientais de meu rumo por entre os corredores. Minha cabeça gira e multiplica-os ao infinito. Mãos umedecem quando não concedem permissão para adentrar em território de outrem. Não me forneceram uma nova senha.

Pareço um ectoplasma, esbranquiçado, assumindo uma grande variedade de formas que se deformam constantemente, emanado de mim mesmo, em transe mediúnico. Vaporoso e diáfano, vago e impreciso, tangível porque médium e espírito manifestante se afinam, agem em união de forças, dependendo um do outro. Um dos dois, sozinho, não poderia gerar o fenômeno. Uma combinação de fluidos que não causa estranheza. Somos emissores ou receptores em maior ou menor proporção. Lançamos a imagem, o pensamento ou símbolo para que o receptor capte.

A primeira coisa que fiz foi me apalpar todo para verificar se não tinham se apropriado do meu corpo. A pressão do temor de se conviver com o espiritual é que, uma vez que você invade o mundo dos espíritos, também eles podem invadir o seu. E os olhos dos tailandeses sugeriam sentimentos negativos de quem ainda não rompeu com a casca da desconfiança e a couraça do umbigo. Requeriam uma armadura, uma proteção contra-ataque do plano astral.

Nós não nos lembramos das vidas passadas, e é aí que reside a sabedoria. Se lembrássemos do mal que fizemos ou dos sofrimentos que passamos, dos inimigos que nos prejudicaram, ou daqueles a quem sabotamos, não teríamos condições de viver entre eles atualmente. A impressão que colhemos de algumas pessoas que se aproximam é que são nossas inimigas. Temos que aproveitar a chance e desfazer, no íntimo, as reminiscências de vidas passadas.

Acabei por não poder fazer a incursão a um terreno imantado que me poria em contato com espíritos que iriam sanar dúvidas. Por que fui escolhido para tal infortúnio? Por que, dentre vários, logo eu? O que havia em Phi-Phi que não foi me permitido ver? Vim de tão longe para quê? Só para dar com os burros n'água? As portas estavam fechadas para mim em Phi-Phi. Fecharam-se para me provocar, irritar, tirar do sério. Por que sempre optamos pelo incerto, a pretender superar obstáculos com os quais não nos defrontamos nos quintais da inocência?

Quem disse que não? Sucede que, saindo de sua redoma, os contornos dos seres inanimados que nos cerceiam tornam-se mais vívidos. Impelindo-nos a vencê-los. E se a energia não fluir para escapar, ela irá funcionar como se um rato estivesse dentro de nós, a nos comer por dentro porque não encontra uma saída. A essa energia assim represada damos o nome de câncer, que se manifesta de diversas maneiras ectoplásmicas a verificar se o afeto foi canalizado para longe do remanso onde costuma atuar.

A primeira reação que me veio à mente, após voltar para o quarto do hotel, foi me lembrar de que, antes de partir, viria a dor despertar-me, à sombra de um coqueiro, de uma realidade adormecida e ignorada, que me retiraria da condição de hibernado num coma. Proféticas palavras, ainda mais que aqui o vento embala coqueiros e devaneios. Só que debaixo do coqueiro não fiquei e da cama já fui despejado.

Olhei para a cama e me vi deitado nela. Tomei consciência de mim mesmo em espírito, fora do corpo. Em meio às cortinas que disfarçavam as portas da varanda. Sem nenhuma contração facial e a ternura sobressaindo do olhar doce. Dessa vez, não seria acometido pela ânsia de escapar do pesadelo de estar caindo logo no início do sono e procurar desesperadamente acordar meu corpo físico.

Aprendi a projetar minha consciência antes de adormecer. Foi-se o receio de encontrar com outros projetores ou entidades desencarnadas, pessoas que amamos e já morreram, vivas em outra dimensão – a morte não mata a consciência nem o amor. Telepatia, vidência e clarividência, a mente se desenvolve através de visões descerradas pelo sexto sentido e a percepção extrassensorial, pela dupla vista e terceira visão. Novos portais foram se abrindo, novos contatos no Astral, o oriente próximo.

Eis que minha retina projeta a imagem de Yuste criando na própria internet um programa agressor que simula os pedidos de um usuário comum durante a navegação na rede. Como o programa é simples e ocupa um espaço reduzido na memória, alojou-se no computador central da China sem ser percebido, infiltrando-se no campo inimigo.

O site da China reúne o maior catálogo de endereços do mundo: a central de fornecedores, a versão interativa do canal de notícias do Partido e a relação de quem está autorizado a penetrar nas comunidades chinesas. De casa, o hacker deu o comando para que inundasse o site com milhões de mensagens falsas e desconexas por segundo, sobrecarregando o sistema e tirando-o do ar. Foi como se milhões de internautas, no mesmo instante, tivessem tentado entrar no site e ocasionado a pane. A essa mais nova categoria de vândalos pouco falta para vestir o elmo, a couraça e a malha daqueles que obrigam o comerciante a baixar suas portas.

O alienígena hacker atingiu o coração do site para adulterar os dados do meu cartão, anulando minha credibilidade junto aos chineses. Simplesmente porque achou que eu não podia pertencer à comunidade nem entrar em locais restritos.

Eu que precisava tanto retirar os espíritos protetores de meu imaginário e trazê-los à realidade, à semelhança dos deuses gregos, de modo que perdessem esse caráter de lenda e a minha crença ganhasse substância, conquistando um terreno que clama por um avanço meu, antes que a terra me trague.

O pirata cibernético é o tipo de sujeito que não pode ver o outro feliz, com um sorriso de orelha a orelha, que fica incomodado e se fecha para não ver. Ele nota que você respira um ar saudável e que as doenças passam ao largo. Torna-se então uma ameaça virtual que justifica qualquer ato destrutivo em legítima defesa. Prefere cultivar o masoquismo a admitir que o sangue que corre nas veias é de barata. Concentra-se no prazer dos outros só para tirá-lo, ri por dentro quando lhe retira a cadeira ao você se sentar à mesa.

Inspira acessos de raiva a figura ridícula que ele representa. Deu vontade de derrubar esse guerreiro invisível, de empurrá-lo para fora do tatame. De fazê-lo sentir o gosto da lâmina do meu sabre. Esse mongol de mentirinha, que clona cartões e desonra seus antepassados. Que sabe que não se deve segurar talismãs pendurados em pescoços. A pior coisa é deixar os outros esperando e não aparecer. Bastardo, me impediu de conhecer meus pais espirituais.

Mas não reagi, nem descontei em ninguém ao me ver completamente frustrado. Existe em cada um de nós um embrião de poder latente, uma condição microcósmica de uma espiritualidade maior que aguarda o momento de vir à tona em consequência do amadurecimento espiritual da humanidade ao longo desses milhares de anos esotéricos e profanos.

Inicia-se um movimento de alquimia interior em que as energias desarmônicas presentes no corpo físico e nos demais intracorpos sutis queimam, sob a ação de chamas que consomem pensamentos negativos e sentimentos em desequilíbrio jogados em você por vampiros astrais que sugam sua energia, deixando-o sempre em baixa vitalidade. Chamas que expulsam do seu templo espíritos obsessores que conturbam os pensamentos e minam a autoconfiança. Chamas que despacham encostos portadores de emanações conflitantes com as suas emoções. Na verdade, essas forças tenebrosas não chegam a penetrar, permanecendo agregadas à sua aura, necessitando de um redemoinho de energias para removê-las.

O dia a dia tenso, somado à rejeição e solidão no campo afetivo, favorece o abaixamento de nossa frequência vibratória, tornando-nos vulneráveis a inimigos chamados "seca pimenteira", que causam irritação ou desconforto psíquico quando se aproximam, exigindo profilaxia para conter esses alienígenas.

Fui caminhar horas e horas sob um sol causticante a fritar meus miolos para não mais pensar nesse grande desencontro. Até esbarrar em outro nativo que, percebendo minhas feições preocupadas, sugeriu-me uma volta de paraquedas.

– Como é que é?

– A lancha puxa o paraquedas e remove a sua inércia, elevando-o a uma altura de 40 metros por sobre a praia. É uma forma de esfriar a cabeça, pode confiar em mim.

Do alto, diviso toda a ilha. Sinto-me isolado, completamente isolado, tal como Robinson Crusoé, quilometricamente distante da terra, da minha terra, dos meus, e a minha visão alcança alguém que desperta minha animosidade desde a adolescência. Nunca pude me aproximar dessa pessoa, porque ela me é antipática. Antipatia lembra nariz empinado, como se sentisse mau cheiro de quem quer que se aproxime. Sempre a farejar qualquer coisa antes de você poder se aproximar dela para saber se ela quer ou não quer – isso já é uma barreira. O nariz empinado pode ser natural ou forjado por força de hábito comportamental. Olha lá como ela anda, a garota de Phi-Phi, toda sestrosa, cheia de graça, superbonita, bem vestida, mas profundamente antipática. Em suma, tem um jeito especial que agride o seu conceito de estética.

Olha lá como são as pessoas quando têm aparência de um animal – temos tendência a sermos simpáticos a elas. Repare como se parecem com macacos peludos, focinho de porco, expressão de são-bernardo, pescoço de girafa, boca de pato, olho de sapo. Uma perfeita égua, se veloz e sinuosa ao volante. Incorpora-se de tal forma à aerodinâmica do carro que mais parece um centauro.

Pé no acelerador e olha lá o grupo dos depressivos. Aquela dançarina triste e deprimida em meio ao espetáculo folclórico, destoando do grupo e desviando minha atenção da harmonia dos movimentos, causando-me desagrado e antipatia, em vez de me sentir condoído e solidário com sua dor.

Olha o Yuste no ar, me olhando, olho no olho, de sorriso aberto, alegre demais, em contraste com a minha fisionomia, um misto de tristeza e resignação. Ao não lamentar minha sorte, o sorriso dele foi desbotando enquanto a imagem de antipático se esboroava.

O contato com o antipático pode ser revertido se for permitido um segundo olhar menos reativo. A antipatia bate as botas se ambos quiserem e estiverem carentes, se sentirem muito isolados ou até necessitados desse contato. Ou de repente se descobre que é uma questão de pele. O que se pensava que a pele rejeita, nessa hora ela pode também atrair.

A antipatia pode rotular de arrogante a mesma pessoa vista por outros como afetiva, delicada, amiga. O melhor que temos a fazer é nos perguntarmos a respeito de nossas antipatias, mesmo que isso provoque mal-estar e ressentimento. Admitir a razão pela qual antipatizei com você, o que não gostei, o que me levava a repeli-la. Aversão e desconfiança, substituir pela conciliação e tolerância com o modo de agir de Yuste, que me atingiu onde menos desejava.

Por vezes, aceitar parece sobre-humano a esse deus que há dentro de nós. Se consegue, você se liberta.

Só o meu rosto aparece e, grande, trespassa as nuvens, umedecido de orvalho, não de suor. O que me anestesia, pois flutuo por entre flocos, penas e pétalas, levado por uma corrente que me desvincula da postura de pugilista que tenta socar a própria sombra, a título de treinar agilidade e precisão. Uma atitude constante, quase um cacoete, que passou a constituir um traço do meu caráter, tornando-me escravo do comportamento de estar pronto para reagir a qualquer momento, como se o perigo estivesse sempre presente, à minha espreita.

O reativo tem necessidade de mostrar que age, com medo de transparecer que está parado, estagnado. Impõe respeito e mantém o inimigo à distância, já que o impulsivo sempre chama a atenção pela descontração com que se exibe. Reage rápido, daí ser considerado o agressor. Agressão se origina de "ir em direção a", a algo que tanto deseja ou precisa. A agressão é força motriz da vida. Foi confundida com violência num tempo em que o impulso sexual era considerado agressivo, ofensor dos bons costumes e atentatório ao cavalheirismo, carecendo de repressão religiosa em nome da construção de uma civilização.

Não havendo respeito mútuo, cede-se espaço ao desencadeamento de condutas hostis alimentadas pelo acúmulo de frustrações paridas no impulso amoroso. A destrutividade se instala atestando nossa burrice emocional e a facilidade com que afeto vira desafeto. A miséria emocional torna difícil, portanto, abrir mão dessa personalidade.

Impressionante como perdemos o sono por coisas que já se passaram há muito tempo e ninguém mais se lembra. A impressão que fica é a de não abrir mais a boca e guardar consigo as injúrias nascidas na incompreensão, apagar as paixões fecundadas no ressentimento, assistir à sede de vingança extinta na impotência, e a intuição falhar. Arruinando de vez a digestão.

Qualquer médico recomendaria a seu paciente não invocar em vão a mágoa, pois, desgraçadamente, tendemos a cultivar ressentimentos motivados pela antipatia. Apenas porque não conseguimos alcançar aquilo que desejamos. Movidos pela atração irresistível por tudo que odiamos. O que andei fazendo para chegar em quem eu sou? Será que dei as costas a quem quis me atacar? Que passividade! Ou se defende ou assimila o que tem de melhor no ataque. Será que permaneci demasiadamente indeciso, duvidando da minha própria capacidade, mudo, sem que ninguém soubesse? Ou criando polêmicas para discutir o sexo dos anjos?

Bom mesmo se pudesse encolher a cabeça para dentro do casco como a tartaruga. Mas isso é dar para trás. Não é verdade, é se recolher. É também reagir para se proteger e evitar que outros queiram transformá-lo segundo seus critérios, impedindo o mergulho em si mesmo.

Desço à terra de paraquedas e estaco diante de uma palhoça de pescador, estarrecido ao ver meu irmão na janela, risonho, a cara redonda, longe do triste e depressivo que norteou sua vida, ao lado de uma mulher que era minha, irreconhecível naquele instante. Embora me sentindo um estranho naquele ninho, não me veio o impulso de reagir, pois o meu falecido irmão era bom e justo – não veio ao mundo para roubar, muito menos mulher, e por isso aqui não se adaptou. Além do mais, estava feliz como nunca o vira antes. Contudo, uma situação como essa exige que você tenha uma reação, que não fique aí parado. Mas como cobrar de uma alma pura que nunca ofendeu nem o mais desalmado caráter? Não, não quero. Ele seria incapaz de um ato indigno. Testando meus limites de reatividade, é mais um anjo da guarda que surge para me orientar sobre o que deseja o ser humano:

"Não se queira minimizar a dimensão do paraíso e inferno na nossa existência, não precisa ser cristão, eles estão sempre presentes. Se você tentar fugir do inferno, a mente que divaga acaba por fisgar um sofrimento que perdura e ele acaba te alcançando, almejando que conscientize sua verdadeira natureza a fim de remover a dor e a ilusão que o provoca.

Ao longo do dia, avançamos para esgotarmos cada centímetro do corpo ao sabor das tarefas a que estamos sujeitos, razão pela qual imploramos por um sono sem pesadelos. A mente deposita sua atenção no exterior, levando-nos a crer que a fonte real da satisfação é comer e beber. No entanto, é a paz do sono que suaviza as dores do estado de vigília.

Divinamente concebidos, divinos somos. Pensar que somos só corpo, dividido em cabeça, tronco e membros, distinguidos pelo nome, sexo e cor, oriundos de classe social e país que não determinamos, é apequenar o nosso verdadeiro ser. Enquanto não realizarmos o ser no interior, não poderemos encontrar a paz que aposenta o desassossego no espírito.

O que deseja o ser humano? O que você mais quer é do que você tem mais medo, seja de perder ou encarar. O hálito gélido do medo o obriga a reprimir a vontade de ir em direção ao que mais precisa, para alcançar aquilo que julga que o fará feliz".

Mais sereno com as palavras de meu irmão, aprendi a aceitar as perdas e não me revoltar contra o que o destino me reservou, renunciando ao fascínio do que só existe na imaginação. Ponto de partida para que se restabeleça meu equilíbrio interno. Nessa hora você tem que se transformar num viajante e saltar do barco antes que comece a fazer água, não se deixando naufragar levado pelo derrotismo, "pois quem reclama já perdeu". O importante é virar a página, pôr o pé na estrada e acreditar que outros não repetirão tal insensatez – vão te dar algo que você nunca pensou em receber.

De retorno ao hotel, o guia estava à minha espera e apressou-se a abafar o incidente com uma explicação ridícula: que eu havia sido procurado e teria dito que não queria mais ir. Todas as culturas desenvolvem suas áreas sinistras, esconderijos e labirintos por onde o crime se propaga.

Tentei conferir a versão apresentada com os funcionários do hotel, mas ele não quis se submeter. A cultura da informática foge a acareações, pois que deleta as referências que determinam a nossa posição no espaço tridimensional, menosprezando a distância, velocidade, o ponto de vista, e detona uma imensa claridade que não permite identificar quem a frequenta: se amigo ou bandido.

Numa época em que os computadores controlam virtualmente tudo, a ameaça virá dos piratas cibernéticos.

Ainda assim, ele tentou me manobrar para que o desculpasse, chamando seu filho como testemunha de que fui procurado. O rapaz abaixou a cabeça e não foi capaz de manter a mentira. Retruquei em voz baixa e incisiva:

– Olha, não precisa se explicar. Só não quero mais lhe dirigir a palavra. Você me causou um grande estrago ao faltar com o combinado. Vocês veneram muito Buda. Eu posso não ser tão religioso quanto vocês, mas é preciso da sua parte um pouco mais de sensibilidade para entender o que certas coisas representam. De que adianta fazer oferendas a Buda se você não sabe respeitar o próximo nem a si mesmo? Seu silêncio só serve para oprimir. Sem abrir a boca, você faz prevalecer a sua vontade. Agride de mãos limpas, julgando que todos conspiram a seu favor e garantem sua impunidade.

Pretensão e água-benta, cada qual toma a que quer. Sinal da cruz. Ave Maria, cheia de graça, o senhor é convosco. Resignei-me, muito embora o bolo no estômago ainda não houvesse sido digerido. Aceitando, em vez de ficar possuído por um estado de fúria que me levasse a blasfemar contra os deuses. Uma ou outra hora respirando fundo, desconfortado, mas sem sentimento remanescente de ódio. Curioso: imensa a frustração, mas a dor nem tanto. Estranho... parece que eu já estava preparado para enfrentar essa situação, como se soubesse que isso tudo iria acontecer.

Ninguém para testemunhar a minha queda no vácuo do tempo em uma ilha sem passado de relevo, sem lendas que ilustrem sua história ou sequer um breve registro da existência de população aborígine. O que precisei descarregar e reparar nesse porto de escala, rota de tráfego marítimo do Ocidente para o Oriente? A configuração de rochedos e cavernas propiciava o refúgio ideal no período das monções.

Alguma coisa aconteceu comigo em Phi-Phi. Alguma coisa tive de deixar. Tive que me desvencilhar de algo que realmente estava atrapalhando. Phi-Phi tirou de minhas mãos o que Deus pôs, me humilhou, tornou em nada o que vim fazer de tão longe e nem por isso me transtornou a ponto de pedir as cabeças dos culpados, como se eu pudesse determinar quais serão as próximas atrações desse circo único e extravagante em que vivemos. Será que precisamos ver nossas ideias e nossos ideais ameaçados e pisoteados para que possamos melhor compreendê-los?

O alienígena não me permitiu ultrapassar o portal e entrar em contato com o meu clã. Manteve-me à distância de meu pai, à proverbial distância de um espírito que vive num mundo à parte, pairando sobre o lar como todo bom ancestral para garantir que seus descendentes observem os costumes. Impedindo que ele me revelasse o segredo dos descendentes ainda não nascidos, se pesa o infortúnio de morrer sem deixar filhos, se a conexão dos espíritos ancestrais com a Terra é cortada, se a alma vaga pelo espaço vazio e a família se extingue.

Resolvi finalizar a noite afogando as mágoas numa lagosta cozida dentro do abacaxi. Sem o *curry*, por estar incompatibilizado com os temperos da terra, com o gosto local. Pedi para acrescentarem arroz e leite de coco. Fora do *script* ninguém entende: apareceram um, dois, três, quatro garçons e mais o *maître*, que perguntou aonde eu queria chegar com aquela receita. Foi feita uma conferência em tailandês e decidido que o leite de coco viria num bule à parte, para ser adicionado ao risoto de lagosta misturado ao abacaxi. Picado. Tudo sem sal, lógico.

Antes de dormir, mirei pela última vez a lua minguante no céu, circunscrita por brilhantes prateados que se esforçavam para me dizer alguma coisa. Desapareceu em minutos quando viu que me demoraria a decifrar.

Soltar o Balão

Entre os tailandeses, um dos filhos é destinado a ser monge – tradição considerada uma bênção para a família, um privilégio sagrado a ela concedido ter a presença de Buda em casa. Não existe a obrigação de render culto para todo o sempre: pode sê-lo por meses, anos a fio ou pelo resto da vida, se assim desejar.

A partir dos 21 anos, os tailandeses devem ingressar em um dos 27 mil *wat* (mosteiro), com o intuito de passar, no mínimo, três meses estudando e meditando. Que correspondem justamente à estação das monções, período ideal para a interiorização. Uma sociedade que acredita no aperfeiçoamento espiritual cujos ensinamentos necessitam ser colocados em prática nas pequenas coisas do dia a dia, sem que isso seja pesado, sofrido ou angustiante, a fim de iluminar a consciência e propiciar maior lucidez e harmonia no cumprir o destino.

Uma mulher de sári reluzente se aproxima do monge Tongchai e lhe entrega um farnel quando ele embarcava, franzindo minhas sobrancelhas da janela do trem. É costume as famílias convidarem para comer, de manhã bem cedo, os monges de veste amarela, como são chamados. Alimentam-se apenas uma vez ao dia, usam as cabeças raspadas, não bebem nem fumam, e são proibidos de qualquer contato físico com as mulheres. Se por acaso a mulher esbarrar num deles, daí resulta uma penitência. Para o monge.

A solidariedade é de caráter humano e religioso, não propriamente social. Manifesta-se em todos os lugares e se apresenta de diversas formas, contida nos mínimos detalhes. Sem, no entanto, ultrapassar a barreira da cultura e dos costumes porque somos demasiadamente apegados à nossa imagem e linguagem. Embora olhar e silêncio não careçam de tradução, emprega-se a solidariedade como recurso para superar as limitações que o apego impõe.

Estranhei quando um senhor, cantando em coro com seu pássaro azul-rei, repentinamente abriu a gaiola e perdeu-o de vista.

– O ato de comprar e logo libertar animais cativos é considerado meritório, daí se encontrarem pássaros, tartarugas e peixes à venda na porta de templos e santuários. Comprar e libertar esses animais conta ponto na sua evolução perante a vida.

– Deve ser difícil para as crianças aceitarem.

– Não tanto, pois se trata de libertação. Pior para os adultos...

– Dissipa a sensação de prisão em que vivemos.

– E liberta a alma.

– É preciso eu reservar um tempo... Por onde passo, seja residência, hospital, hotel, centro comercial, me deparo com casinhas montadas sobre uma estaca que se assemelham a pombais.

– As chamadas casas de espíritos.

– Fora do alcance da sombra do prédio.

– O espírito não se instala numa sombra.

– Em que as pessoas depositam todos os dias oferendas de flores, arroz e animaizinhos esculpidos na varandinha que rodeia a casa de espírito.

– Destinar um tempo significa doar. Doar não é sacrifício nem castigo, nem dívida: é fruto de um processo de consciência.

– Bem, não empreendo nada de importante sem consultar os astros.

– Aqui também, casamento e mudança de casa só são marcados se as estrelas forem favoráveis. Há sempre um astrólogo ou quiromante à sombra de uma árvore no complexo do templo.

– O que me chama atenção no tailandês é a sua serenidade, que correlaciono ao jade, a joia de mais alto valor para vocês...

– Representa a pureza.

– O jade está sempre frio, mesmo quando em contato com a mão quente. Essa qualidade de não alterar a temperatura revela uma grande capacidade de absorção e troca de energia vital. "Não esquentar a cabeça" é uma condição que eu persigo.

– Você acabou de passar por um duro teste, e outros virão. Temos que matar um leão por dia, ou então acalmar a fera que nos habita.

– Mas não chegou a abalar minhas convicções sobre a índole pacífica do tailandês diante do colonizador, que se apresenta pleno de conhecimentos e experiência a demonstrar uma sabedoria que diminui o valor e o peso das tradições, embebido da certeza de que tudo tem sua hora para acontecer. As fronteiras dos países asiáticos começaram a se delinear em função da presença do explorador; anteriormente a terra era sua não havendo necessidade de demarcá-la. Os tailandeses sofreram menos por conta do budismo. De tão enraizado, interessava ao colonizador que o povo continuasse pacífico e meditando para dominá-lo com mais facilidade.

– O mais importante é a quietude interior – quanto mais erudição se acumula, a intranquilidade adentra sua casa e desnorteado fica. A serenidade é a melhor guia para absorver conhecimentos, desde que não o converta numa criatura maliciosa. Ao entrar em contato com os estrangeiros, os tailandeses se preocuparam com a perda da paz interior que nos distancia da nossa consciência e nos impede de enxergar as coisas com nitidez, a real intenção por trás das palavras.

– Os tailandeses evitaram o confronto, as guerras, as convulsões internas, que destruíram o Camboja. Há quem veja nisso um ato de submissão. O fato é que o planeta se encaminha para viver de uma forma globalizada segundo a ideologia dos países economicamente mais fortes.

– Vivemos infinitas vidas, criamos amarras, recebemos inúmeros favores, daí nos sentirmos culpados quando não damos a atenção devida a uma pessoa ou quando incapazes de satisfazer o que nos foi pedido. Não conseguimos nos sentir livres. Observar o que os outros necessitam e procuram... desço na próxima estação, queres ir comigo ao pagode Phra Pathom?

O pináculo de 127 metros do enorme pagode é visível por sobre as árvores. Em forma de sino, ele recobre *viharns*, capelas secundárias com imagens de Buda para adoração. Enormes ou minúsculas, de pedra, bronze, de teca, jade ou mesmo de ouro maciço. Torres despontam dos telhados, revestidas de cacos de espelhos, porcelanas coloridas e pedrarias. Centenas de pequenos sinos de bronze balançam com o vento e propagam um som mágico.

– E era a vontade de Buda toda essa riqueza?

– Os seguidores de Buda é que instituíram os *wats* e as estátuas. A imposição veio de profetas e artistas que queriam construir para difundir a palavra de Buda. E, para isso, só construindo templos.

– Mas não é o que Buda apregoava. No rastro das verdades absolutas, os discípulos têm uma verdadeira vocação para deturpar propostas e ensinamentos de seres especiais que vêm ao mundo com essa missão. Coadjuvados pelos arquitetos da arte que se julgam acima do bem e do mal, na megalomania exibicionista, dando uma outra magnitude à existência humana. Os sábios viram amigos dos reis no pedestal da fama de sua obra. Qual o significado dos cintilantes telhados dos *wats* que reproduzem as escamas da pele de cobra?

– A pele de cobra desprende-se periodicamente para ser substituída por outra. Joga-se fora o que não serve para abrir espaço e adquirir o que está à espera de nos renovar.

Subo algumas dezenas de degraus e me benzo molhando a cabeça com uma flor de bambu. Acendo um incenso e me ajoelho perante Buda para encontrar o que tanto busco. Prostro-me aos pés de Buda para expulsar o turvo da visão e esqueço quem eu sou.

Agito um pote com varetas até que uma caia, de onde tiro um papelucho com uma profecia. Antes, passo as varetas pela fumaça do incenso três vezes, em movimento circular:

"A hora é essa, não deixe escapar, evidencie aos seus pais protetores qual o núcleo vital de sua demanda. Uma constante atenção sobre as varetas repele a influência dispersiva do ego ansioso e exigente, movido por desejos e rejeições, deixando livre o caminho para o que o inconsciente lhe sugere. Se parece difícil, afaste-se, pois a pressa sopra para as lonjuras do horizonte aquilo que não sabemos esperar."

Já vai longe o tempo em que me irritava com conselhos enlouquecedoramente certos.

Ainda mais quando previnem sobre os que estão em falta comigo e desapareceram: mostrarão suas faces como visitantes inesperados. Se perguntar com delicadeza e suavidade, eu ouvirei a moeda da sorte alcançar o fundo do poço. Ficarei bem longe da doença contraída ao findar da inocência. A felicidade será minha em todos os meses do ano, seja o que pretender assumir, desde que ao lado de minha inseparável companheira, a paciência. Lágrimas rolam e não escondo o rosto. Tongchai completa a leitura e me estarrece ao usar o termo reativo que se tornou a minha cabala.

– Tenha mais cuidado. Não se pode falar tudo que passa pela cabeça, senão a derrota vem e se aproveita.

– Tongchai, você não havia dito que o mosteiro é um oráculo!

Essa forma de ser, de falar, de se abrir, é uma reação à hipocrisia que prepondera na formação da família. Não se pode saber disso, não se pode saber daquilo, criança não pode ouvir isso, criança não está preparada para aquilo, e ao mesmo tempo não conhecer os fatos que mudaram o curso de uma família, na íntegra. Mero detalhe que isola as meninas. Detalhes que os álbuns de fotos revelam e sacodem a poeira do que é velho e insosso.

O melhor exemplo é o do garoto curtindo a posse do balão enquanto em suas mãos, agitando-o freneticamente para vê-lo soltar-se, aos berros. Não entendem por que subitamente ele começa a rir. Só quem delira consegue acompanhar o balão ir de encontro ao azul do céu e fazer amor com a primeira nuvem passageira – ladina que só ela! Também pudera, julgam os meninos imbeciloides e não lhes contam segredos – que jeito, eles nunca entendem o que a gente explica!

O que as crianças não entendem é que o adulto se magoe pela suposição de que há algo que escape ao domínio de seu conhecimento – orfanato não é lugar para criança nenhuma. Crescem, a suéter aperta, a calça pesca siri e, através de uma versão equivocada, a verdade vem à tona e complica o futuro homem-mulher.

Temente a esse estigma, na encruzilhada, optei pela contramão. Chegado à idade do balanço, tive que hibernar e descobrir que não havia mais nenhum guerreiro, hipocrisia ou monstro com quem duelar. Era hora de centrar a cabeça, depor as armas e ficar do lado de quem a gente gosta e me afastar de quem não nos ama. Era preciso aprender a ser só no limite da resistência, senão atraímos cobras, escorpiões e ratazanas. Que nos rejeitam. São os descrentes, céticos e amargos, que deixaram matar dentro de si aquela criança linda e ingênua, cheia de esperança.

O rio que margeia Phra Pathom é coalhado de peixes e resplandecente de água verde e limpa. Havia mais peixes do que água. Segundo a filosofia budista, não se deve pescar nas cercanias de rio que banha mosteiro. Liberdade para os cativos ao menos ali, onde se compra pão e se dá na boca dos peixes. De causar inveja a ecologistas e raiva aos pessimistas de plantão que preconizam a fome no fim do túnel da ecologia.

Lembrei-me do rio Ganges e mergulhei atrás da convivência de peixes e mais peixes, enquanto o monge se despedia com o tradicional *wai* – palmas das mãos juntas, em súplica, na altura do coração. Quanto mais as erguem, mais respeitosas as saudações.

Fora fincada a ponte por sobre os escombros da moral católica apostólica romana, inspirada no "faça o que eu digo e não faça o que eu faço", que não para de expiar a culpa de ter exacerbado o Inferno e a sua principal arma, o fogo.

O homem é o único criador de suas circunstâncias. O budismo só reconhece a intuição do indivíduo, que sofre as consequências de seus próprios atos, transformando-as em aprendizagem, enquanto ajuda seu semelhante a alcançar a mesma libertação.

O budismo reitera a necessidade de concentração e do ritual da meditação, que conduzem ao desenvolvimento das faculdades espirituais em todos os segundos que se respira. Não se reza ou se roga para impedir o efeito decorrente de problemas que se originaram em quaisquer causas. Porque senão a oração se torna vazia e incipiente, apenas para sair de dentro do presídio, que somos nós mesmos. Se for para rezar, que seja com humildade, para Deus, para Ele nos livrar da dor que trafega livremente em nossa alma. Para nos tirar daqui, dessa dor, e nos levar para outro lugar. Que não seja necessariamente a morte.

Filosofia, religião, ciência espiritual? É um caminho de vida razoável e prático, abrangendo todas as coisas, atraindo-me, como ocidental, porque não é dogmático, satisfazendo igualmente razão e coração. Insiste na autoconfiança aliada à tolerância para com outros pontos de vista a respeito do conhecimento humano, desde a ética até a psicologia.

Concentra seu foco no homem, sozinho, como criador de sua vida presente e determinador de seu destino. Palavras velhas, atos gastos, pensamentos roídos estão lá, como verdadeiros fantasmas a nos incomodarem dia e noite. Vivemos nesse grande cipoal de sofrimento, dor, angústia e insatisfação. Não tendo consciência de que anseios e apegos não proporcionam uma satisfação permanente. Por não passar pela nossa cabeça que o acervo de amigos, fortuna e reputação, conquistados a duras penas, amanhã poderá desaparecer como num passe de mágica.

Devo redobrar minha atenção na vigília.

Conhece-se a profundidade espiritual de uma pessoa pela atenção que dispensa a seus menores atos, à sua fala, aos outros. O sofrimento é uma linha tênue para o alcance de uma felicidade perene e podemos, malgrado estarmos num mundo impermanente, fazer nascer um ânimo crescente, banhado por uma paz inigualável. Em suma, crescer interiormente. Sem falsas ilusões, cultivando os sentimentos naturais.

Você se ilumina quando descobre que todas as respostas para suas angústias já estavam dentro de si. Concentramos muito tempo no passado ou no futuro, fazendo pouco contato com o presente, e o que é mais grave, de forma inconsciente. E cada ocasião perdida se acumula, pressionando nosso interior, deixando-nos insatisfeitos.

Urge que eu experimente minha própria vida – ela transcorre em velocidade cibernética. Sem obsessões ou imposições de atitudes que restringem o acesso aos outros.

Angústia para o cristão deriva do pecado. Para a psicologia, decorre do conflito do homem consigo mesmo e com a sociedade. Para o budismo é um fato natural, oriundo de se estar vivo. Afinal, existem muitos sofrimentos: nascer, envelhecer, adoecer e morrer; separação dos entes queridos; divórcio; ser obrigado a permanecer em algo que se detesta; não obter o que se deseja; perder glórias e prazeres.

A origem do sofrimento é a ignorância de se considerar o centro do mundo, o escolhido para acontecer "certas coisas". Ilusão de um "eu pequeno". O sofrimento provém da necessidade de segurar todas as coisas do mundo, com apego, quando elas estão em constante mutação. O chamado estado de impermanência que Buda assim explica: "Todas as coisas surgem e vão embora".

A luta do budismo se baseia na destruição da angústia. De parecer que estamos sempre à beira do abismo e, um passo a mais, nos fará cair no desassossego, deixando-nos distantes de nós mesmos. Obrigando-nos a desconfiar dos amigos, de nossas próprias forças e a querer agradar aos outros, para criarmos e vivermos ilusões no intuito de suportar um mundo que nos exige partir para a conquista de algo novo, tão logo tenhamos um propósito de vida – por conta da insatisfação e do caráter de impermanência e de mutabilidade que caracteriza nossa existência. Já não somos os mesmos de ontem e não seremos os mesmos amanhã. Nascemos, envelhecemos e morremos. Nossa necessidade é imediata; não se pode esperar uma outra vida.

A Lenda Do Elefante Branco

Embrenhei-me pelo interior da Tailândia e fui parar em Chiang Mai, cerca de 700 km ao norte de Bangcoc, a 150 km da Birmânia e a 250 km de Laos, onde os eflúvios do Tibet não conseguem penetrar nas florestas que reverberam o calor equatorial e a contravenção que acoberta. Esteira rolante de bugigangas e artefatos eletrônicos que arrancam brilhos de olhos miúdos, onde impera a cultura do mercado persa e contrabando soa como palavrão no recinto de bazares. Cultiva-se o ópio e exportar é a solução – moralizar significa falir.

Foi forçoso entrar na aldeia dos Meo, que sempre viveu da extração do ópio até o processo civilizatório transformá-la em atração turística. Ao lado das tribos Karen, Yao, Lahu e Marabi, na sua maioria de origem chinesa ou tibetana, somam 600 mil nativos cuja moral comporta a poligamia. O princípio da vida e do pensamento se origina na alma. Desses animistas. De frente para o passado.

O mesmo passado em que se venerava o elefante branco, considerado sagrado, um dos presentes dos deuses na criação do mundo, uma das primeiras criaturas a emergir do oceano de leite. É correlacionado à fertilidade, conhecimento e prosperidade.

O elefante, o animal nacional da Tailândia, muito querido pela população. Exige o mesmo tratador a vida inteira. Proporciona um grande espetáculo de força, brincadeira e graciosidade – a natureza do povo tailandês. Como te incitam a amar aquela figura paquidérmica! Talvez porque, amando, também serás amado. Mas se ele te estranhar, não dê bola para o azar: a rejeição não se cria no esquecimento. Afinal de contas, amigos inconsequentes brotam do chão. Uma agulha no palheiro escolher um em quem se possa confiar. Preferível um inimigo que abale suas convicções e o desembrulhe do pacote em que está lacrado.

Conta a lenda que um elefante branco foi posto a perambular atrás de uma cidade fantasma cheia de tesouros. Uma difícil jornada em terras perigosas atravessando desertos, florestas e abismos. Nenhum trecho do percurso era seguro, de modo a você se sentir objeto de perseguição, dando margem ao inimigo de superá-lo no campo de batalha, aproveitando-se do desespero que corrói a fé.

O sol escaldante e as fortes tempestades de areia fustigam a coragem do elefante branco e acenam com a desistência dos tesouros em troca da segurança do lar deixado para trás. Maquiavel já advertira que a guerra de cerco é a pior das estratégias. A política de terra arrasada não é a mais conveniente, pois, se vencida a resistência que habitualmente nos paralisa, a vitória pende para David contra Golias.

Momento ideal para fazer uso de poderes místicos. Surge do nada um lindo oásis repleto de damascos e tâmaras, frutas suculentas, tomate, hortelã e pepino, queijo de cabra e açúcar, açúcar à vontade. Uma fonte vertia água de coco. Todo o cansaço, dores e desânimo desaparecem para dar lugar à esperança quando você se banha, saboreia comidas deliciosas e dorme tranquilamente.

Sendo jovem, maduro ou velho, toda idade tem o seu prazer e a sua dor. O elefante branco sabia quantas mudas são necessárias para compor um jardim. À frente de um monte de dinheiro, sabia quem é o dono de quem. Sabia que o riso escandaloso soa falso e o riso constante é insano. O destino final é de uma beleza superior a esse oásis. E não está tão longe.

Ao se virar para trás, viu a areia tragar o oásis.

A lucidez e inteligência do elefante branco sempre foram respeitadas por aqueles que o conheceram. No entanto, nunca totalmente compreendidas. Sua mente precisa e aguda foi uma barreira que as pessoas, muitas vezes por suas limitações, não conseguiram superar.

Conta a lenda que o elefante branco, com relíquias de Buda, parou no sopé da montanha de Doi Suthep, onde foi erigido o Wat Phra That em 1383. A grande atração de Chiang Mai exibe orgulhosamente um sino de ouro de 24 quilates, num campanário recheado com badalos de diversas dimensões, gongos e outros instrumentos de percussão.

Sugerindo que experimentemos o soar do gongo que irá nos transportar aos confins dos tempos.

A vibração do som infunde temor. E a necessidade de um escudo protetor sob um aparato real. O inóspito impunha que cada dinastia adotasse o rigor nos preceitos. Se você não nascera para matar, que se curvasse diante do imperador e sua armada. A ameaça externa obriga que nos mantenhamos coesos.

De baqueta na mão, hesita-se. Um novo ecoar do gongo far-nos-á tremer nas bases, lançar-nos de bruços ao chão, em sinal de reverência e submissão a um soberano, cujo mandato divino exige que o venere.

Eu precisava do aconchego que um súdito requer da autoridade suprema para me sentir acolhido e bem cuidado. Meus olhos lentamente começaram a fechar aos pés dos sinos de Doi Suthep.

Às 4 horas da manhã, fui acordado no hotel por um suave som de cítara saindo não sei de onde. Pensei que viesse das cercanias e examinei através da veneziana. Não era, não podia ser, o hotel ficava afastado. Pensei que pudesse ser do corredor. Abri a porta e nada. Pensei que fosse do banheiro, não sei bem por quê, e lhufas. Eliminadas as hipóteses exteriores, voltei-me para dentro do quarto do hotel. Vasculhei debaixo da cama, atrás da cortina, nos armários, e varri o teto.

Evidentemente que sonado não precisei essa intrigante fonte. Até que, apalpando o forro das cadeiras e dos travesseiros, descobri botões embaixo da mesa de cabeceira. Num tosco painel de som. Painel de som é uma ova, painel de rádio. Nos dias de hoje, a gente só tem olhos para a televisão; nem cheguei a reparar nos botões – faz-se pouco caso do rádio. Era de lá que saía a música. Mas eu juro que não mexi nessa geringonça!

Chegara ao hotel por volta das 8 da noite e dormira embalado por sinos e gongos na condição de vassalo do destino. Sem que uma mísera nota musical alcançasse meus tímpanos. Com que propósito dos diabos aquela musiquinha entrou na roda? Um néscio desavisado diria que a faxineira deixou o rádio ligado e que a programação se encerra ao anoitecer e recomeça numa oração a Alá, quando os galos cantam.

O fato é que, no auge do cocoricó, despertei com a cítara enlevando meu espírito. Em estado alfa, a música repelia vibrações que estagnavam minhas energias e afugentava o medo de procurar alguém no quarto escuro que quisesse me dizer alguma coisa. Procurei do lado da minha cama. Alguém sentado na cadeira em frente à cama. Procurei alguém de pé, sem entrar em pânico. Alguém muito querido – não consigo identificar quem seja.

Normalmente a gente se lembra da mãe, a querer ouvir dela uma palavra de conforto, algum gesto de proteção, a resgatar um sentimento de "essa nunca me faltou". Afinal de contas, eu me encontrava a léguas de distância da minha terra, do meu país. Mas minha querida mãe já morrera e não consegui fazer contato imediato de terceiro grau. Cheguei a gritar:

– Mãe, você está aí? Eu sei que está! Dá as caras! Nem que seja de relance. Dá um sinal! Nem que seja vago. Juro que não me reconhecerá! Você se recorda de como eu era descrente e demolia pedra por pedra de cada religião? Assustada, você me dizia que eu não parecia seu filho. Insolente, eu replicava com o "não sou filho de chocadeira". As palavras saíam de minha boca, descontroladas, para pulverizar a imagem de inocência congelada no tempo e espaço de meus três anos, ao volante do velocípede, mantida em seu semblante. Dá-me essa força para que eu volte a acreditar com mais convicção, com mais fé!

Mas ela não apareceu.

Ao invés de me apavorar, tranquilizei. Havia me libertado do apego à minha mãe.

Toda vez em que se ouve vozes do Além, duvida-se da sanidade de quem comenta ou afasta-se a possibilidade por temor de que isso seja verdade. No entanto, uma infinita fila aguarda o sacro momento da aparição, o *frisson* de se conectar e esbarrar nas almas do outro mundo, desrespeitando as normas da casa ditadas por sumidades que prescrevem incredulidade seguida de muxoxo. Riem de você, pensam que está louco, ou mesmo gagá. A outra face da moeda é ser respeitado e invejado – como é que pode esse cara de tacho ver tanta coisa e eu nada?

Quando se troca ideias a respeito, o estilo preferido é à boca pequena. Um absurdo, pois frequentemente o sobrenatural se faz presente, os fenômenos se multiplicam e os espíritos nos perseguem para comprovar. Ainda assim, os que não acreditam nessas coisas e os que não estão ligados nesse assunto, não tendo tempo a perder com besteiras, atribuem a perseguição à paranoia que sempre campeou no mundo. Por já termos nascido devendo e com culpa no cartório. Que bela contradição!

Portanto, diante da comunhão com a espiritualidade, o melhor é que se calem para todo o sempre – suas palavras não completam o sentido e não expressam o que creem. Antes que a ignorância me transforme num inconformista indignado com essa vida de que nada se leva, virei a página do jornal espalhado pelo chão e relaxei. Cerrando as janelas para o mundo exterior.

Foi quando me pus a pensar sobre a importância da meditação e a ânsia de querer chegar ao nirvana. Raramente conseguimos manter a mente focalizada no momento presente, preferindo preenchê-la com lembranças passadas ou planos futuros. Tem uma determinada hora em que a percepção não se detém em nenhum lugar, tornando o ato difícil e monótono. Estamos mais conectados a tudo que encerra uma ideia, forma ou som. Temos dificuldade em lidar com o que é inaudível e se posiciona além da linguagem. Para integrar o vazio com a forma e o silêncio com o som, há que restaurar a nossa capacidade de escutar e de contemplar, entrar em contato com o vazio do Absoluto e encontrar espaço dentro de nosso coração.

Processo longo e doloroso. Você não medita apenas para relaxar um pouco e experimentar alguma paz. Medita para desenvolver o seu SER interior. É uma dimensão espiritual, é a consciência em nosso interior que se encontra além do pensamento verbal, em que reconhecemos como nosso SER mais elevado a parte de nós que permanece fora do temor, da raiva e dos demais obstáculos psíquicos, que normalmente obscurecem nossa consciência. Desde a concepção, o objetivo do desenvolvimento humano é ampliar a consciência do SER interior.

Infelizmente, a maior parte dos aspectos da cultura dominante parece destinada a desviar ou fazer sair dos trilhos esse desenvolvimento natural. Isso porque a nossa cultura é uma cultura de ansiedade. Somos seduzidos a tentar lidar com as manifestações de ansiedade, ou a tratá-las sem reconhecer a causa. Só existe uma causa para a ansiedade, por mais variadas que sejam as suas ramificações. Viver apartado do SER interior.

A meditação destina-se precisamente a remediar esse divórcio, já que, em última instância, a conexão com o SER é o que pode nos proporcionar felicidade, força, liberdade e habilidade para nos relacionarmos plenamente com os outros. O descobrimento do SER interior não dorme quando o sol se põe nem se espreguiça quando a luz torna a vencer as trevas. De fato, coloca um ponto final no se vale a pena viver a vida.

Todas as atividades de nossa vida diária pressupõem certo tipo de concentração. A mente é a principal distração ou obstáculo nessa prática. Mente verborrágica que vomita diálogos interiores os quais projetam análises, julgamentos e interpretações. Mente agitada e nervosa. Significa que estamos insatisfeitos e infelizes porque raramente conseguimos o que desejamos, sempre procurando, feito barata tonta, o que está fora de nós. Arrastando até seres de inteligência reputada a seguir padrões alheios sem atentar para o que estão fazendo.

Separarmo-nos de quem já amamos é sofrer. Descobrir que ainda estamos unidos a quem só queremos distante é sofrer por não conseguir o que se quer. Desejo esse que implicaria em saciar a sede de prazeres físicos. Como é de uma obviedade constrangedora que essa ânsia nunca poderá ser plenamente satisfeita, o desprazer assume com todas as pompas, sinalizando que os apegos não duram uma eternidade e que o sofrimento se origina no desejo.

Sobreveio um gosto amargo na boca – convém escovar os dentes. Antes, a espiadela na notícia no canto do jornal, propositalmente escondida para não se ler. Os tigres asiáticos caminham céleres em busca de um alto padrão de vida, o que não acarreta felicidade nem bem-estar espiritual, seja na Tailândia, Cingapura, Taiwan, Coreia ou Japão; caso contrário, não precisariam convocar a guru hindu Shri Mataji Nirmala Devi, fundadora da Yoga Sahaja.

Seus pais já eram seguidores de Mahatma Ghandi em 1942, no crescente movimento de libertação da Índia. Aos 19 anos, a então líder estudantil Shri Mataji foi presa e torturada na mesma época em que sua mãe recebia choques elétricos e era obrigada a ficar em cima do gelo, em posição de sentido. O governo britânico costuma reparar injustiças cometidas por conta da empáfia imperial conferindo títulos de *Sir*: introduziram Lady Mataji na nata da comunidade científica, anos depois.

Não vão tão longe os tempos em que Einstein trabalhava com relatividades e punha a língua de fora. Shri Mataji trabalhava com ser humano e a conjunção da meditação com o *all-pervading-divine* – o princípio que tudo faz compreender –, despertando a sagrada energia do *Kundalini*, uma enorme reserva de potencial não usado e armazenado na base de sua espinha, no osso sacro, como se fosse uma serpente em espiral que se alevanta gradualmente, saindo do estágio de adormecido, resgatando seu poder e fazendo renascer suas aspirações em se realizar. A prática oferece benefícios ao organismo, tais como, a redução da pressão sanguínea, melhora das funções motoras, maior reconhecimento auditivo, aumento dos reflexos e da inteligência, ganho na criatividade, diminuição da ansiedade e menor necessidade de cuidados médicos.

A partir do momento em que estiver pleno de luz, você mudará e será capaz de tomar as rédeas do seu destino, porque agora observa melhor e não mais reage, não mais protesta sem pensar, não mais opõe a uma ação outra que lhe é contrária, não mais responde na bucha; enfim, não mais se conforma em atribuir seus defeitos a uma questão de temperamento. O passado acabou e não deve se sentir culpado sobre o que fez ou deixou de fazer. Esquecemos sempre de que nascemos humanos e não animais. Somos resultantes de uma reação em cadeia, de fatos ao longo de uma desabalada carreira que não se explicam em suas causas e efeitos. Há que quebrar o elo dessa corrente, saber apreciar a acidez da solução e opor-se a tudo o que o mantém acorrentado nessa posição conservadoramente desconfortável. Reagir à inércia que mata lentamente – tortura julgada normal no deslanche da existência. Reagir para regenerar e nos convencer de que é possível alcançar esse poder.

CHINA

No rastro de Hong Kong e Cingapura

Desci do céu e fui a terra. A experiência mais marcante da China é estar em meio ao povo. Acordar às cinco da manhã, descerrar a cortina do quarto e estupefazer-se com o mar de gente que se encaminha para trabalhar. Andar pelas ruas e avançar com dificuldades por entre os chineses, sob a zoeira das campainhas de 400 milhões de bicicletas que circulam pelo país, sem que os ônibus abarrotados e caminhões, a uma velocidade média de 17 km/h, desrespeitem os ciclistas. O tráfego flui lento, mas sem parar, calma que acentua a maestria na harmonia dos movimentos coreográficos do *tai chi chuan* e na flexibilidade da acrobacia. Ruas limpas e prédios funcionais, sem o aparato de primeiro mundo, exceto os grandes hotéis. Uma infinidade de quiosques a matar a fome do chinês, que parece não ter hora para comer.

Xangai não guarda paralelo com qualquer outra cidade chinesa, em extensão e população. 10 mil fábricas conferem mais prosperidade e dinamismo – uma metrópole com imagem capitalista. Avança no rastro de Hong Kong e Cingapura.

Distante de séculos do feudalismo em que uma sucessão de senhores guerreiros mantinha sob sua autoridade um imenso contingente de camponeses paupérrimos e famintos. Distante de um tempo em que os ingleses se sentiram desafiados pelos cantoneses ao queimar o estoque de ópio, disparando tiros de canhão para subjugar os portos mais importantes da China, principalmente o de Xangai. Os canhonaços desencadearam um enorme fluxo de bárbaros gananciosos provenientes da Europa e da América que se instalavam em suas concessões, mandando e desmandando no imperador, em conluio com os novos-ricos que se vendiam despudoradamente aos capitalistas estrangeiros.

Xangai se torna um chamariz para caçadores de fortuna de toda parte do mundo e ingressa num extraordinário *boom*, com a expansão das indústrias e do porto internacional, movimentado pelo consumo de ópio, prostituição desenfreada e crime organizado. Uma turbulência só, digna da Torre de Babel, com seus bondes, caleças, jinriquixás em meio a atarantados carregadores de palanquins e cules.

A impressão que se tem da China é de que ela é voltada para o seu umbigo, para o seu interior, de costas para o mar. Não é à toa que foi cognominada de Império do Meio. Sequer se fala de praias chinesas, muito menos balneários. Nem em Xangai se depara com o mar, é o rio Huangpu que banha seu porto com suas águas marrons.

Ao adentrar a Avenida Zhong-shan, que margeia o rio Huangpu, tão fabulosamente enorme que mais parece uma baía, extasiei-me com a visão espetacular do conjunto arquitetônico do século passado, estilo império britânico, em harmonia com a zona portuária. Inúmeras embarcações de diversos tamanhos se cruzam, apitando a todo o vapor. A imagem de porto se associa a armazéns, mas em Xangai não. É um grande passadiço do porto fronteiriço ao rio, chamado de *Bund*, que funciona como mureta de contenção face às marés altas, já que o rio Yang-tsé desemboca no Mar da China Oriental, perto dali.

Esse passeio central é ponto de concentração turística, ultra modernizado, com rampas e mirantes para se tirar fotos e contemplar o rio, além de alguns restaurantes e poucos bares. Fervilha com animação costumeira diante de prédios que vestiram a camisa de bancos ocidentais. Do outro lado da aparente baía, o continente se esgarça em braços de terra que cortam o rio como se fossem invadir o porto. Do calçadão se vê, a uma distância de 5 km, muitas edificações, destacando-se uma gigantesca torre de mais de 60 metros de altura, repleta de luzes e propiciando uma visão de metrópole altamente moderna, discrepante do recente passado comunista.

À minha direita, um embarcadouro com a forma de uma mirabolante pirâmide para transporte local e, à minha esquerda, um cais onde atracam transatlânticos, que impressionam pelo porte, salientados pela iluminação feérica. Às minhas costas, a Avenida Zhong-shan, que configura o contorno da zona do porto, cujos prédios, profusamente iluminados, preservam e realçam as características do estilo vitoriano, em contraste com o suntuoso-moderno que abre a boca de qualquer caipira, quando se depara com um telão de alta resolução que ocupa os costados de edifícios de 50 andares.

O chinês é muito comunicativo, boa gente e amável, principalmente agora, por querer mais do que nunca contato com o mundo exterior. Os ideogramas para o ocidental constituem uma barreira, suprida pela informação dada com gestos amigáveis. Se não fosse o problema da língua, a aproximação seria bem maior. Eles sorriem diante da estranheza que os estrangeiros provocam. O que tem por trás desse sorriso? Apenas simpatia? É só receber de braços abertos os estrangeiros? O chinês não gosta de chorar, muito menos em público. Quase não se vê crianças chorando. Mostram-se reservados, condicionados a serem dóceis, desconfiados do que poderíamos fazer com eles.

Já as mulheres transbordam de desejo de poder conversar, seja na rua, nos parques, hotéis, restaurantes. De simpatia incontida, exacerbada pela aparência submissa, resquício de séculos em que foram extremamente depreciadas, sentir ciúmes era considerado um dos piores vícios numa mulher – motivo de repúdio por parte do homem, sinal de que ela teria direitos sobre ele.

Impregnei-me profundamente do relevo das coisas materiais, dos odores e do alvoroço desta China. Os anúncios luminosos e seu alto poder de definição me despertam para a realidade cosmopolita de Xangai. Olhavam-me com muita curiosidade, através de minha retina, sem dar a mínima importância para a tal da privacidade – exagerar não é pecado se fruto de longo período encerrado num casulo.

Todos perguntavam de onde eu viera, pois ao não lerem o alfabeto ocidental, impossível identificar minha procedência pelos dizeres estampados no blusão. O clima festivo de Xangai me demoveu do caráter de solitário em minhas andanças, por ser constantemente abordado a fim de saber quem eu era e o que estava fazendo em Xangai.

Eis que se aproxima um gordo simpático de idade imprecisa, acotovelando perguntas com frases que mal terminavam. Fiz menção de despachá-lo. Fingiu que não era com ele, que aprecia muito trocar ideias com estrangeiro, que precisa desse contato. Era um sábado à noite e não se preocupou se eu me incomodava que ele continuasse no bláblábláblá. Iria me apresentar o panorama visto do porto. Contaminado pela Xangai esfuziante, não botei malícia.

Sua gentileza desfez a impressão de um mala sem alça atabalhoado. Escolheu os melhores ângulos para discorrer sobre a ocupação de Xangai em 1937 pelas tropas japonesas, cujos detalhes apenas me levantaram as sobrancelhas na parte da invasão que só matou chinês, poupando europeu branco. Mencionou Taiwan e lançou um apelo saudoso à união de todas as Chinas, contemplando o horizonte escuro como se ela estivesse bem em frente.

Percebendo que tiritava de frio, fez questão de me levar a um lugar imperdível, uma zona de restaurantes típicos que ofereciam o melhor da culinária chinesa. Gostei da ideia porque pretendia comer ganso selvagem.

Imediatamente nos pusemos a caminho. Até esbarrarmos no seu amigo do peito, que se integrou ao grupo. No que saímos da Avenida Zhong-shan, cruzamos uma balouçante ponte sobre o rio, divisando ao fundo a embaixada russa, prédio azul mal-acabado caindo aos pedaços, ao mesmo tempo em que uma multidão espiava o que eu pensei que fosse um manequim de loja boiando. Todo vestido de branco. Era um homem morto, marinheiro, comentava-se. Morte natural ou suicídio? O estado de ânimo baixou para temperatura ambiente de 7°.

À medida que percorríamos o bairro gastronômico, a iluminação progressivamente declinante lançava sombras na imaginação. Se for golpe, se armarem uma pra cima de mim, eu saio correndo. Por precaução, afastei-me um pouco. Eles notaram. Eu era muito mais forte do que os dois; o que os gajos não sabiam é que eu estava fora de forma. Nessa hora você tem que botar banca e mostrar até do que não é capaz. Ou então até do que é capaz e acabar mostrando para eles que você é muito mais do que pensa que é.

No entanto, não tenho coragem nem vontade de dar um murro, somente quando violentado nas emoções e tentativas de me desmoralizar, ao me passarem para trás. De que adianta, se depois de esbravejar, bater com a porta na cara, descarregar adrenalina, sobrevém o arrependimento, que corta o satisfazer do amor-próprio ferido? Além da culpa de ter passado dos limites e a carga da fama que irá pesar sobre seus ombros quando todos o olharão e pronunciarão: "sujeitinho difícil, problemático, destemperado". Você perde a razão. Pedregoso o caminho de volta – não se aceita devolução de ingressos depois do filme iniciado.

O mal-estar foi interrompido ao me deparar com o restaurante escolhido, de forma alguma vagabundo, apesar do letreiro em vermelho mambembe e pisca-pisca na entrada. Apesar de a porta estreita dar numa biboca que comprime seis mesas e um bar. Apesar de ter de varar a porta dos fundos e entrar pela cozinha, diga-se de passagem, com aparência que afugenta. Apesar de enveredar por um beco que no cruzamento com uma viela se vê, à direita, moradores à frente de suas casas, à esquerda, um depósito de lixo, e, ao fundo, um prédio.

Prestes a chegar, o restaurante, que alívio! No prédio, apesar de mais alguns lances de escada. Cada andar tem vários ambientes, que corresponderiam a cubículos com mesa para oito pessoas. Eles fizeram questão do terceiro andar, próximo à cozinha. No que eu me sento, alço os olhos e... uma televisão! Será que até do outro lado do mundo, nessa cela, estarei condenado à televisão? Engano meu. Era um videokê. O cardápio é entregue para escolher a música que mais lhe agrada. Selecionada, vem a imagem do clipe com a legenda em inglês. De microfone na mão, você canta a música acompanhando a legenda. Próxima atração: ouvir a gravação da própria voz. Na terceira música, senti o gosto do ridículo e pedi para mudar de cardápio.

E toca de pedir cerveja, a gostosa cerveja chinesa. O peixe de Xangai chamado *quing*, camarão miúdo, sopa de ovos, pedaços de porco com brócolis no molho de soja, arroz unidos venceremos, *shiitakes* e *shimejis*, batata-doce e uma sortida coleção de vegetais que nem desconfiava que existiam. Além de minúsculos ninhos formados pela saliva de pássaros que endurecem em contato com o ar; cozinhados, amolecem a ponto de parecerem massa.

Esclareceram-me que andorinhas nidificam entre estalactites e, sob maior risco, pescadores colhem seus ninhos trepados em longas estacas de bambus e velas amarradas à cabeça, para que iluminem o teto das cavernas e distingam o ninho do morcego.

Eu não sei se o arroto já foi banido das mesas, mas a sucessão interminável expelida pelos chineses, combinada com cigarros apagados no molho de soja, me avisou de que era fim de noite.

Com o frio a lamber minhas costelas, como se quisesse arrancar uma que fosse para provar que, em cima das águas do Huangpu, lá estou, observando a mim, conversando com o gordo simpático e... ué, sumira seu amigo do peito. O gordo virou um alto afilado, as feições orientais transformaram-se num jovem aventureiro, cheio de gás, disposto a ensinar-me como aplicar energia na cura invisível e silenciosa dos males que angustiam e desviam do Bom Caminho.

Tomei consciência de mim mesmo, em espírito, fora do corpo. É possível entrar em contato com seres espirituais elevados que podem lhe transmitir conhecimento sobre coisas do arco-da-velha.

– Fui designado pelo meu governo para acompanhá-lo em todo o seu trajeto pela China.

Surpreso, fiquei desconfiado.

– Não, eu não vou vigiá-lo nem seguir os seus passos. Estarei à sua disposição.

– Assim que botei os pés no território de vocês, naquela estranha embaixada, eu senti que iria revelar algum segredo importante, do interesse de todos, aguardado há tempos. Qual é mesmo o seu nome?

– Marco Polo.

– Hein?

– Meu pai é igual a qualquer pai. Fazem questão de dar nome de gente famosa aos seus filhos para que já comecem bem. Marco Polo aqui é nome de gente de prestígio.

– Eu estou percorrendo o caminho dos meus sonhos. Será que é possível viver em função da missão que nos foi destinada?

– Desde que depois você não dê desculpas de que não era bem isso o que queria.

– Mas eu sou muito crítico.

– Permita que o Universo se movimente à vontade ao seu redor.

– O tempo todo ser coerente faz os sabichões pensarem que para tudo há uma explicação.

– Você precisa conhecer melhor a história de seus antepassados para saber quem é. Vou lhe contar a história da China para que tente decifrar esse enigma e descobrir seus vínculos.

– Às vezes eu me sinto no meio de um cabo de guerra, ora querendo expandir meu coração para abraçar o mundo, ora não querendo ver ninguém, com raiva de gente.

– Uma briga de foice, não é verdade?

Taoísmo

A Ásia sempre foi o berço dos grandes gênios espirituais que abriram caminho para que o homem se familiarizasse com elementos de ordem divina, mística e transcendental em oposição à água, ao ar, ao fogo, que circunscreviam o leigo ao profano da terra. Sob a forma de lendas, poesias, epigramas e provérbios, construíram-se filosofias que inseriram o homem na necessidade de se deixar conduzir pela cosmo-consciência, e não pela ego-consciência. A cosmo-consciência é que atua sobre o ego sem regê-lo, provocando o indivíduo a bem autogovernar-se e a sofrer as consequências de seu livre-arbítrio. Distante, portanto, da visão ultrapassada de ser ele o centro do Universo.

A quintessência de toda a sabedoria cósmica veio através de *Bhagavad Gita*[1] de Krishna na Índia, do *Tao Te King* de Lao Tsé na China, do Caminho Óctuplo de Buda, do Evangelho de Cristo, e de outros. À semelhança do Hinduísmo e do Budismo, o Taoísmo se interessa pela sabedoria intuitiva e não pelo conhecimento racional.

A doutrina de Cristo surgiu no Oriente Médio, no ambiente espiritualmente bárbaro do Império Romano, expandindo-se mais tarde pelo Ocidente, através de pregações que propagavam a palavra de Cristo. Que acabou por prevalecer sobre a alma do ser humano, ao aplicar um duro código de princípios que visavam dar um fim aos costumes pagãos, capitaneados pelo "Não matarás" e "Não cobiçar a mulher do próximo". A palavra de Cristo não pôde ser vivida intuitivamente, a exemplo das filosofias orientais, pois urgia ordenar uma nova civilização.

– O momento em que a intuição te abraça, sem um sussurro, é mágico e sagrado, porque se faz contato com as profundezas da alma

---

1 Bhagavad Gita é um livro no estilo guia espiritual, considerado como fonte de reespiritualização da humanidade nos tempos modernos. Tido como o Novo Testamento hindu, foi retirado do Mahabharata, odisséia de 100.000 versos que relata a história religiosa e filosófica do antigo povo hindu, à semelhança do Antigo Testamento cristão.

cósmica e se alcança as fraldas da montanha onde Deus repousa. Se tentar dissecar intelectualmente, a espontaneidade desaparece, diante dessa irreverência – observei.

Ao fechar as portas do século XX, a humanidade disfarçou seu desespero no afã de melhorar sua vida imediatamente, voltando-se para a sabedoria desses livros eternos que convergem para uma visão cósmica de Deus. Distante da concepção cristã de um Deus residente no Palácio Celestial, sentado à espera do homem para o acerto de contas *post mortem*. Deus esse cunhado à semelhança do ser humano de forma a não deixar dúvidas quanto à existência da hora do julgamento final. Pluralidade de deuses, Deus presente em tudo, um Deus monoteístico... tendem à unidade cósmica.

Lao Tsé é o filósofo conhecido pelo legado que inspirou o taoísmo. A palavra Tao, em chinês, pode ser traduzida literalmente como "caminho", trilha, estrada. Tao é um caminho que veio de um passado que não teve início e se estende para um futuro infinito. Tao, como caminho, representa o elo que liga todos os tempos. Tão imenso que nos permite apreender que as coisas estão interligadas.

Chuang-tzu observa que o Tao possui realidade, mas nenhuma ação ou forma, podendo ser atingido, mas não visto. Existia antes do céu e da terra, na verdade, por toda eternidade. A razão da criação do mundo e do caráter divino.

Poderia ser a mãe de tudo – o mistério feminino perdura para sempre –, através do espírito imperecível da profundeza do vale, por cuja porta se estenderam raízes que pintaram o sete ao delinear o céu e a terra. Vã a tentativa em definir o Tao – tem que ser sentido e não expresso. Pretensiosas palavras e números que almejam regrar padrões da Natureza que, de tão espontânea, somente encontrará harmonia se for deixada em paz para seguir seu próprio caminho. Livre de tal ordem, a humanidade teme o caos, quando Tao significa a ordem e o curso da natureza como o fluir da água, existe por si próprio, não resulta de qualquer esforço, e não é lei nem mandamento ou decálogo que reja o Universo e governe nossos destinos.

O taoísmo enfatiza o culto ao espírito e à passividade diante das forças cósmicas. Ao conhecimento do que não é conhecimento. O mundo provém do pacto entre o SER e o NÃO SER, em constante estado de tensão que faz aflorar ora o firme, ora o maleável, numa alternância ininterrupta em que o obscuro gera o luminoso e o luminoso gera o obscuro, pois que na origem de tudo que manifesta vida encontram-se duas forças de princípios complementares: o *yin* e o *yang*, representando a face sombria e a iluminada de uma montanha.

Graças a uma lei de mutação que renova continuamente todas as coisas e torna o mundo tão sublime como no primeiro dia da criação, essa dualidade inicial edifica tudo o que virá a existir de fato. Por sua alternância noite e dia que implica na necessidade de troca, em vista que um não existe sem o outro, esses estranhos poderes servem para explicar uma batelada infindável de fenômenos que cercam nossa existência, já que costumamos ver apenas o que temos diante dos olhos e acostumamos a nos livrar do último para colher o próximo. De sua união antagonista procedem o sim e o não, o céu e a terra, o positivo e o negativo, o masculino e o feminino, o ativo e o passivo, a ascensão e a queda, a boa estrela e o infortúnio, a recordação e o esquecimento, a luz e as trevas, a vida e a morte.

– Tamanho paradoxo causa estranheza – reajo surpreso.

Todavia, ilustra a bipolaridade de tudo que compõe o mundo e a vida. Toda a bipolaridade do Universo, aparentemente contrária, é realmente complementar: o negativo não é o oposto do positivo, mas sim o seu complemento. Assim, a morte nao é a negação da vida, bem como o feminino não surgiu para hostilizar o masculino a também procriar, mas para que ambos se complementem. Não se consegue dissociar felicidade de infelicidade, consciente do inconsciente – a dependência é recíproca.

Nossa existência é regida por uma ordem cíclica constituída pela conjugação de duas manifestações alternativas e complementares. A alternância prepondera sobre a oposição. Preferível o equilíbrio de ambos ao banimento do *yin*. Ou alguém duvida da cumplicidade entre o antes e o depois? E o que dizer da cara e coroa na moeda, o casamento indissolúvel e perfeito? Por que a criança, ao flagrar amantes em cópula, imagina tratar-se de inimigos em luta? A fruta ainda não está madura, o verdadeiro amor não comporta vitórias no embate corporal.

Quem só enxerga o belo no belo e a excelência na excelência, beira a monotonia e a estreiteza do ângulo de visão, porque unipolarizado. O universo se alarga quando se consegue ver o belo e o feio, o generoso e o mesquinho, como duas antíteses complementares, que se integram na grande síntese, sem se diluírem nela.

Tao é o princípio eterno do qual se originam todos os fenômenos. Tudo neles é relativo. Podem ser ilusórios, apenas uma simulação da realidade, como a morte ou desaparecimento do ente querido. Podem representar uma catástrofe ou levá-lo à libertação. Para alcançar o todo do Tao é preciso renunciar ao ser racional e à mortal lógica, guardar na gaveta os dez por cento de inteligência que utilizamos, deixar-se conduzir pela intuição, concentrar-se em lugar de extravasar-se – simplicidade acima de tudo.

Lao Tsé nos introduz no mistério da tão mal compreendida não interferência, o *wu-wei*, do agir sem agir: "Agi pelo não agir! Achai gosto no desgosto! Vede o muito no pouco! Enfrentai o ódio com o amor no coração! Realizai o grande, amando o pequeno! Todo o grande nasce pequeno! Reconhecei o difícil, antes que apareça a sua dificuldade! Todo o complicado no mundo começa simples! Quem facilmente promete, não merece confiança".

Parece pôr em evidência um não fazer nada, uma indiferença de quem não se importa com nada, que esfriou as relações de amizade, que não sente mais amizade nem ódio. Parece uma apatia que revela um protesto surdo face às leis naturais da vida inteligente. Parece, mas não é.

O ser humano é prenhe de boas intenções. *Wu-wei* é fluir na corrente da ordem natural e não ir contra a natureza das coisas. O *wu-wei* preconiza uma forma de agir menos intencional, egoísmo à parte, sem segundas intenções. Uma ação autêntica, que respeita o curso e a continuidade das coisas, não acentuada pela obsessão que impõe condições. Optando pela linha de menor resistência nas atitudes. Se encurralada, a água acaba por descobrir um novo leito, contornando os obstáculos. Aceitar que, ao iniciar um projeto, talvez ele venha a falir ou não se concluir com você ainda nesta vida. O importante é não deixar de fazê-lo e dar sequência, mesmo que não leve a honra da autoria e prossiga nas mãos de outros que usufruirão os louros.

– Agir com naturalidade e não se deixar inflar pelo ego – acrescentei.

O *wu-wei* reflete um estado de alerta permanente para se deixar invadir por tudo que existe de divino no Universo. Até mesmo um ateu seria herege em afirmar que não existe o divino nos cometas, cristais e quanta que se movimentam sem cessar no firmamento do imaginário. À pretensa inércia se sobrepõe uma disponibilidade cósmica sedenta de ser invadida pela unidade divina, sem receio de imergir num estado de pura e alegre inocência. O Universo, encarnado na figura de Deus, exige que utilizemos nossa livre vontade para fazer o que Ele poderia fazer sem o homem. Tão somente porque Ele nos ama e deseja compartilhar o divino que transborda a valer de sua alma.

Kuan Yi-wu procura explicitar esse "ser": "Deixar-se levar, e é tudo, sem entraves, sem impedimentos. Como realizar isso na prática? Que tuas orelhas escutem o que apetece. Que teus olhos vejam o que desejam. Que teu nariz aspire o que ama. Que tua boca expresse o que gosta de dizer. Que teu corpo goze de conforto. Que tua vontade realize aquilo a que almeja. Que se eliminem os obstáculos a todas as tuas tendências pois eles as tiranizam. E esperar com alegria a morte".

Aquilo a que aspiramos: liberdade. E esperar com alegria a morte: por ser libertação. Que se eliminem os impedimentos que só nos fazem escolher o pior. Tratemos de alimentar a vitalidade que nos habita. Será que precisamos enfrentar a morte cara a cara antes de podermos experimentar a vida?

– O mundo ocidental pouco alcança o mistério do *wu-wei*. Só confia de verdade no seu ego. Isso me desanima.

Considera que a não interferência é produto de uma trama bem urdida por místicos fanáticos para alienar a humanidade. Einstein compreendia intuitivamente o mistério da não interferência, ao permitir que flutuassem livremente as forças cósmicas através de seu intelecto. "Penso 99 vezes, e nada descubro; deixo de pensar, mergulho no silêncio – e eis que a verdade me é revelada." Lao Tsé não se cansa de repetir que todos os grandes feitos são obrados pela alma do Universo e que o homem pode ser colaborador dessas grandezas, se bem entender a sua função de servidor e não se arrogar o título de Senhor do Universo.

O Tao é a fonte do silêncio que se entranha e atua pelo não agir. Tao é a realidade, o todo, o transcendente. Se nos apresenta como se fosse o nada porque, diante do estilo conciso de nossos olhos, o todo da divindade parece ser oco. Sua luz incolor provém do infinito, sendo obrigada a se transformar num prisma multicor quando adentra o finito, para que os sentidos se apercebam e a inteligência analise. Se nos apresenta como um sonho baseado no caráter transitório da vida. Não discute metafísica pois o tempo aparentemente transcorre com rapidez e desnuda a falta de conteúdo nos sentimentos humanos e nas manifestações de amor, revelando apenas instintos básicos.

O *wu-wei* orienta a permanecermos constantemente ligados observando o decurso espontâneo de todas as coisas e a não nos deixarmos levar pela percepção clara com que o conhecimento nos ilude. Por vezes pensamos em nos converter num corpo estranho a esse cosmo, num ser que faz a diferença, delimitando o meu quintal do seu, as suas origens das minhas, dividido entre ser simpático ou antipático. Esquecendo-se que basta ser um dentre outros, fluindo e oscilando aqui e acolá, a construir um caráter singular, distante do estado de ignorância e de pobreza de espírito que nos mantém a fazer o oposto do que deve ser feito naturalmente, como se o mar tivesse que nos jogar sempre em direção aos rochedos.

– Geralmente, o homem vive ao sabor do que é mais superficial por influência direta do mundo exterior e pelas exigências procedentes dos impulsos que emanam de seu instinto. Vive coisificado pela roda-viva dos compromissos com situações não escolhidas, que ele confunde com a própria realidade. Conhece, quando muito, a sua personalidade, a sua máscara. Conhece e adora o que tem, ignora o que ele é.

Eis como Lao Tsé põe em versos o que não pode ser conhecido: "Quem quer ver a Divindade, não a verá, porque ela é invisível. Quem quer ouvir a Divindade, não a ouvirá, porque ela é inaudível. Quem quer tanger a Divindade, não a tangerá, porque ela não tem forma. Só na visão do Todo se encontra a Divindade e então a superfície parece tenebrosa escuridão, enquanto a profundeza parece luminosa superfície. Nunca a Divindade é inteligível, Ela permeia o Universo sem fim e gira pelo Todo como se fosse o Nada. A Divindade é uma forma sem forma; a Divindade é o Ser sem Existir; é o mais Insondável de todos os insondáveis. Quem encara a Divindade não lhe vê a face; quem segue o Infinito, vê-lo-á sempre fugitivo; só quem sintoniza com o Infinito, Esse o conhece realmente. Como os antigos o conheciam; Eles, que sabiam que todos os visíveis nascem do invisível".

O profundo apego ao som, à forma, à imagem, à existência. O espaço não é negação da presença de algo. Ao contrário, permite a existência e manifestação de todas as coisas. É como o silêncio. Se não houvesse o silêncio, não ouviríamos som algum. Por trás de todos os sons que escutamos existe o silêncio. Como o vazio, que não é a negação da forma – permite sim que se abrace todas elas. Como o céu. O céu nunca está pleno de estrelas – tem muito mais espaço do que estrelas.

– Nosso coração também deveria ser assim, bastante espaçoso.

Esse espaço vazio dentro de nós corresponderia à tolerância, receptividade, quietude, paz interior. As poucas estrelas a brilhar dentro de nós seriam a síntese, fundamento de nossa vida, as estrelas guias que nos orientam.

– Mas não podemos ficar repletos de estrelas, pois o que mais precisamos é do imenso céu vazio, do espaço, do espaço para viver.

Quem se integra em Deus sabe o que é Deus. A vida não tem começo nem final; somente os vivos têm início, meio e fim. Principiar a ser vivo é nascer, abrir mão de ser vivo é morrer. Ao nascermos, o corte do cordão umbilical marca o início de nosso destino. Destino é a nossa vida. Não podemos renunciar a ela. Temos que vivê-la até o fim. O desafio é percorrê-la como o mel flui por nossa garganta, enchendo-nos de satisfação.

Podemos nos libertar sem passar por sofrimentos ou crises existenciais embora, via de regra, a angústia seja um grande estímulo. Mas não é necessário descer ao inferno antes de ir para o céu. O taoísmo não lida com culpas, tampouco as ignora, porque não funciona. Se você não estiver centrado, não conseguirá remover o atávico sentimento de culpa. O bem-estar, assim como a paz de espírito, não representa uma chegada, e sim uma jornada por edificar.

Todo o finito, em demanda do Infinito, está sempre a uma distância infinita. A felicidade é ter em mente estar no caminho certo e poder seguir em frente, tal como o rio aprende a contornar obstáculos – isto é vida eterna.

O taoísmo tem por princípio viver a espiritualidade já. Em consciência. Com leveza. Sem apegos. Sem somatizar tanto. Nem cultivar pecados. Não permitindo que remorsos ou arrependimentos profanem a nossa existência. Paz e alegria na Terra não são apenas para constar de cânticos religiosos. Só fazem sentido se forem incorporadas, para que nos habituemos a elas desde já. Assim, quando concluída esta vida, tudo será mais fácil do outro lado.

– Mas não foi Confúcio, com seus preceitos éticos, que, ao longo dos séculos, mais afetou as normas que regem o comportamento do povo chinês?

Bem, ele nunca enveredou por pensamentos místicos e espirituais, muito menos religião. A base de sua filosofia é o senso de dignidade da vida humana, "ser inteiro e honestamente humano", qualidade que se recusou a definir. Estabeleceu ideais de relações humanas e políticas, ou seja, para o homem e a sociedade, calcados na prática de virtudes éticas na vida pública e privada. Pregava a obediência às antigas tradições e ritos, o culto aos antepassados, a reverência, a prática da benevolência e generosidade, por considerá-los úteis na preservação dos valores morais. Comparava a lealdade do súdito para com seu soberano à lealdade do filho para o pai. A vida social e política se organiza sobre a base do sistema familiar; a relação de marido e esposa fundamentam as relações humanas.

– Enquanto o confucionismo era racional, masculino, ativo e dominador, o taoísmo era intuitivo, feminino, místico e dócil – *yin* e *yang*.

Não se esqueça do I-Ching, método que insiste no autoconhecimento, apesar de usado basicamente para adivinhação, focalizando o seu movimento de mutação e a ação adequada que pode trazer boa fortuna.

Precursores e o engenho da China

As raízes da civilização chinesa vão além dos guerreiros terracota, inspiradas na lenda que consagra a beleza marcial no enfrentamento da garça com a serpente que originou o *tai chi chuan*. É uma outra galáxia sob o ponto de vista de cultura, língua e ideologia, com mais de 56 grupos étnicos. A confluência de mitologia e história da China ocorreu por volta de 4 mil anos atrás.

A dinastia que mais durou, a Zhou (1100-500 a.C.), foi rica de pensadores influentes como Confúcio e Lao Tsé, que, ao lado do oracular I-Ching, tornaram-se fontes de sabedoria que moldaram e celebrizaram a filosofia chinesa na arte de governar e se conduzir na vida.

A dinastia Han (206 a.C.-220 d.C.) unificou os reinos outrora poderosos e submeteu-os a um poder central composto de rígidos burocratas, substituindo a antiga ordem feudal, e desenhando o mapa do império ao estender a soberania chinesa a quase todas as fronteiras de hoje. Deram prosseguimento à construção de canais, estradas e à Grande Muralha, sob os auspícios de um programa de trabalho público de grande extensão, conclamando o povo a participar. Representou, também, um momento de abertura com a inauguração da Rota da Seda, que atravessava a Ásia Central, possibilitando o comércio com o resto do mundo, o que foi facilitado pela padronização da moeda e pelo sistema de pesos e medidas. Uma era de ouro.

Uma nova religião vinda da Índia transpôs o Tibet e propagou-se – o Budismo. Fundou-se a primeira universidade na capital, Xian. Os intelectuais foram estimulados a criar, ainda mais que os chineses começaram a produzir papel, invenção que disseminou suas ideias, através de técnica que levou mais de mil anos para alcançar a Europa, a partir de uma pasta composta de fibra de madeira e farrapos.

– O que você está tentando me dizer? Que eles estão adiante no tempo? São precursores?

Poucos, sobretudo no Ocidente, se dão conta de quantas invenções vieram à luz na China, séculos antes de terem chegado ao resto do Mundo. A impressão xilográfica já era conhecida no século VIII – processo e técnica de gravura em relevo sobre madeira que permite a impressão tipográfica de texto ou figura. Máquinas tipográficas, com tipos móveis criados por Pi Sheng, entraram em uso 200 anos depois e revolucionaram a impressão, conferindo *status* à literatura e tornando possível que cientistas publicassem seus trabalhos sobre Botânica, Astronomia, Matemática e Geografia. Gutenberg não inventou a imprensa, apenas criou o primeiro sistema ocidental de tipos móveis (linotipo), com a tiragem de 200 Bíblias, em 1455.

Produziram vasos e utensílios de bronze com tanta beleza e originalidade que os arqueólogos se recusam a acreditar que foram feitos com o advento da Idade do Bronze. Escavações comprovam que já fabricavam ferro fundido no século IV a.C., transcorrendo dezoito séculos para que a Europa descobrisse essa técnica. A China foi a primeira a construir pontes suspensas, conjugando bambus e correntes de ferro.

A água como fonte de energia para operar máquinas agrícolas e têxteis já estava em uso no ano 700. Antes de Cristo inventaram a bússola, mas somente no século XV o Ocidente a empregou nas viagens de circum-navegação.

Os chineses descobriram a pólvora e a utilizaram para impulsionar flechas colocadas dentro de tubos de bambu, produzindo assim os primeiros foguetes.

– Essa invenção, levada às últimas consequências, acabou por conduzir o homem à Lua – interrompo jocosamente.

Em contraste, o calmante chá passou a ser cultivado e preparado com requintes de uma arte no mundo inteiro, graças à China. Sem falar do sistema decimal, da porcelana, da seda, fósforos e carrinho de mão.

A dinastia Tang (618-907) não foi ultrapassada por nenhuma outra em termos de cultura. A poesia e a arte atingiram o seu ápice. A Academia Imperial de Letras da China foi fundada 900 anos antes de qualquer outra instituição do gênero ter sido estabelecida na Europa. O primeiro livro impresso de que se tem notícia, um escrito budista, foi publicado em 868. A população da capital Xian chegou a mais de um milhão de habitantes, muito maior do que a de qualquer cidade europeia. Palácios e templos extravagantes se alternavam com mercados abarrotados de artigos exóticos trazidos por mercadores estrangeiros, vindos de tão longe quanto Bizâncio, em busca de seda, porcelana e especiarias: o papel-moeda entrou em circulação.

– E as práticas milenares de medicina?

Tratam com acupuntura, medicam com ervas e empregaram processos de imunização que datavam de 200 anos antes do surgimento da vacinação no Ocidente. A acupuntura se desenvolveu a partir da proibição dos imperadores aos médicos de dissecar cadáveres. A fisiologia da medicina clássica não trata de órgãos internos e suas funções, e sim do fluxo da energia através de canais, chamados meridianos, e dos pontos chave do organismo, os chacras. Na acupuntura, esses pontos são tocados com agulha; na massagem, com a pressão dos dedos; no *tai chi chuan* é com a respiração, combinada com movimentos corporais que proporcionam o balanceamento.

Portanto, a medicina tradicional se apoia em quatro pilares: acupuntura, massagens, ervas e artes marciais. É estereótipo afirmar que falta aos chineses uma tradição de habilidade científica e tecnológica, pois eles mesmos se surpreendem quando se dão conta de que até o guarda-chuva e o xadrez saíram do engenho da China.

Durante a dinastia Song, os invasores começaram a usurpar a China, vindos da Manchúria, ao mesmo tempo em que terríveis hordas mongóis, lideradas por Gengis-Khan, varriam e destruíam mais territórios do que qualquer outro povo na face da Terra, cujo lema era: "O maior prazer que existe é vencer os inimigos. Persegui-los, tomar suas propriedades, ver suas famílias em lágrimas, montar seus cavalos, possuir suas filhas e esposas". Estenderam seu poder pela Ásia Central, Rússia, Oriente Médio, até a Hungria, unificando o maior império da História localizado continuamente em terra firme.

Em 1211, a China se submete a viver sob controle estrangeiro pela primeira vez, retraindo-se.

Apesar das fontes de sabedoria e da bússola para orientar, não souberam calcular com precisão que o esplendor da cultura atraía o mau-olhado mitológico dos mongóis. Gengis-Khan pretendia engolir a China como a baleia ao Gepeto e Pinóquio. Não tomaram conhecimento de uma outra galáxia atrás da Grande Muralha, nem de Buda. Aproveitaram-se do papel, das máquinas tipográficas e da literatura para grafar seu idioma, travando a cultura que disseminava o saber chinês. Refrearam a evolução espiritual e filosófica dos taoístas e a arte divinatória do I-Ching. Ignoraram o bronze a serviço da beleza e a água como energia natural, sem desconfiar que a pólvora não foi feita para brincar. Fabricaram papel-moeda e despiram-no da boa-fé, próprio de quem não está à altura da seda que torna as mãos suaves, e do chá e porcelana que sofisticam. O intercâmbio através da Rota da Seda subordinado aos cascos de seus cavalos, mestres que eram na arte de montar.

– Mas por que não reagiram? A história da China é sangrenta, plena de confrontos e guerras.

Guerras internas. O inimigo sempre morou dentro da própria China.

– A China tinha que enfrentá-los para defender sua honra, para mostrar que era valente e corajosa.

Mas no fundo teve medo. Medo de ser surrada, pelo fato de o adversário ter mais músculos, mais habilidade nas artes marciais, simplesmente ser mais forte. Medo de levar um tapa na cara e atrair a desmoralização. Medo de ter que fugir, ao enxergar nos olhos dos mongóis um gorila que iria socá-los no chão. Medo de perder – só o confessamos quando não existe um plano alternativo. Medo da derrota, de ver esvair pelo ralo o crédito e a fama de que gozava.

– Penso que foi justamente quando se curvou diante dos mongóis que nasceu a tão comentada submissão chinesa, mal disfarçando a covardia, menosprezada pelos ocidentais que a estenderam ao Oriente, confundindo reverência confucionista com inferioridade.

Sobre a não violência Lao Tsé filosofa: "Uns devem avançar, outros devem parar; uns devem clamar, outros devem calar; uns são fortes em si mesmos, outros devem ser escorados; uns vencem na luta da vida, outros sucumbem". Somente um possuidor não violento possui realmente o possuído – de violência. A violência é o reconhecimento da própria fraqueza, o reconhecimento de que não conseguiu extrair do outro o consentimento para possuí-lo. Usa então da força para possuir o pensamento e o sentimento do outro, intimidando-o. O homem voltado para o seu ego, e que não sabe que o espírito é o maior poder, amplia sua violência calcado numa lógica irracional, distinta dos animais, que necessitam atacar para comer ou se defender.

– Com todo o respeito, reverência aqui e acolá, entre submisso e covarde, o cachorro consegue morder seu próprio rabo e dar uma volta nos dominadores com sábia diplomacia.

Tanto é verdade que Kublai, neto do grande Gengis-Khan e seu sucessor, transformou-se num autêntico imperador chinês ao assimilar mais a cultura chinesa do que impor a sua. A capital do novo império foi construída num lugar onde hoje é Pequim, designada Khanbalik, nome mongol que era constantemente repetido pelo mais renomado viajante da época medieval.

Marco Polo

Marco Polo foi a fonte para os europeus delinearem a imagem do Extremo Oriente até o século XIX. O perfeito representante do espírito da civilização europeia na véspera do Renascimento. Esteve na proa do mercantilismo e nas origens do capitalismo do futuro. O peso da influência de sua cidade-estado, Veneza, ponta de lança da Europa feudal, verdadeira senhora de Constantinopla, alcançava as riquezas de Bizâncio – porta dos grandes caminhos do Norte e do Leste – e o monopólio econômico sobre o Mar Negro, coincidindo com a extensão da grandeza das conquistas mongóis na Ásia e na Europa.

À medida que conquistavam mais territórios, os mongóis tiveram que deixar de lado seus métodos rudes e guerreiros para se estabilizarem e abrirem rotas de comércio, tais como a Rota da Seda. Descobriram que cobrar pedágio traz maiores proveitos que matar. Da amoreira formavam uma pasta de textura igual à do papiro e o papel virou moeda com o lacre do imperador para que todos, obrigatoriamente, trocassem – sem a mesma paridade – seu ouro, prata e pedras preciosas. Também se mostraram tolerantes em relação ao cristianismo, carentes de uma religião que atendesse às exigências da dimensão do império. Concederam à família Polo imunidade e liberdade de circular; portanto, de comerciar, a toda prova.

A jornada de Marco Polo levou três anos e meio a cavalo, através do território mais inóspito do planeta, com direito a montanhas nevadas e desertos, como o de Gobi. Defrontou-se tanto com bandidos como bonitas mulheres, através de numerosos reinos e culturas, sob a proteção dos Khan, penetrando no universo islâmico como poucos o fizeram.

Kublai Khan o recebeu calorosamente, convidando-o para permanecer na corte, além de designá-lo seu emissário em terras incorporadas ao seu domínio. Por razões políticas, estrangeiros eram escolhidos, particularmente na China, onde a tenacidade da burocracia chinesa era legendária. Reportando detalhes importantes sobre negócios, tradições culturais e curiosidades das cortes estrangeiras, criou-se a mística de Marco Polo ser o favorito do rei.

– Seu relato acerca da vastidão da China e da nova capital era palpitante de admiração sobre palácios, bazares e camelotagem.

Uma combinação de sensibilidade e obstinação, iniciativa e lealdade, motivada pela sede de aventura.

– Há quem o considere o protótipo do encantador de serpentes, movido por um desejo de agradar ou impressionar quem quer que seja.

Ele aprendeu com perfeição a linguagem e os costumes dos tártaros, causando surpresa a todos. Entrou em contato com todas as invenções desconhecidas dos europeus, desde a pedra que podia queimar – o carvão – até o papel-moeda. Respirou um clima de tolerância religiosa, distante dos rigores inquisitoriais do papado, de liberalidade...

– E a admirável coleção de esposas do grande Khan.

Sábio, eloquente e prudente, inferiu que o rastro de destruição deixado pelos mongóis ajudou o Oriente a se aproximar do Ocidente.

– Quais foram os interesses que levaram Marco Polo ao Oriente?

Valia a pena se enveredar por desertos desconhecidos e áreas desoladas da Ásia Central em face do crescente interesse pelos produtos exóticos orientais. Ele provinha de família de mercadores e farejou a importância econômica do Extremo Oriente baseada em uma variedade de especiarias que conferiam um melhor sabor aos alimentos ou retardavam a deterioração, aumentando o seu grau de conservação. Na Geórgia, descobriu fontes de óleo – petróleo – usadas para manter o fogo aceso durante a noite.

– O homem satisfez o desejo de controlar o fogo que acabaria por iluminar as trevas.

A lenda do fogo sagrado se realizava.

– É verdade que era sempre muito bem recebido por onde andava?

O que o fascinava eram os costumes matrimoniais na Grande Turquia.

– Que região abrange hoje?

É o antigo Turquestão, vasta área da Ásia Central que se estendia do Mar Cáspio até Xinjiang, região autônoma da China. Em Peim, a mulher tinha o direito de escolher outro homem com quem se deitar até o marido voltar de viagem. Em Camul, a hospitalidade chegava ao ponto de os homens saírem de casa para deixar o hóspede desfrutar de tudo que é seu, inclusive a própria mulher, sentindo-se honrados com tal distinção.

– Esse assim dividir foi um costume que multiplicou, então, seus negócios e haveres.

Como estrangeiro e embaixador do grande Khan, Marco Polo usufruía uma vida digna de um imperador.

– Mas há quem duvide de que foi à China por não ter notado que Hangzhou e Suzhou fossem repletas de casas de chá de todos os níveis, decoradas com bonsais.

Aquela água suja?

– Há quem o considere um farsante por confundir saquê com vinho de arroz e leite de égua fermentado com vinho branco.

Bebida é sinônimo de vinho na Itália, tradição que vale mais que água.

– Dizem que mais parece um pescador a desfiar histórias, como a dos guerreiros de Khan cavalgando 10 dias sem comer ou acender fogueiras, alimentando-se com o sangue tirado das veias dos cavalos.

Ou águias ensinadas para caçar lobos, ou lobos amestrados e leões adestrados para matar ursos. Sem brincadeira, existem lugares que, de tão bem descritos, parece que você está lá. Melhor nem ir, senão desfaz a fantasia que impulsiona sua vida a misturar fatos com lendas fantásticas, sobre as maravilhas do Oriente contidas em mil e uma noites árabes, persas, mongóis e chinesas.

– Por acaso é o favorito do grande Khan que nos fala?

O espírito sobrevive às dúvidas assacadas em mínimos detalhes no afã de dissecar o imaginário popular. Marco Polo se situa próximo a viajantes pioneiros como Colombo, Vasco da Gama e Fernão Magalhães.

A China só renasceu porque, ao contrário de ser absorvida, absorveu os valentes guerreiros mongóis que a manietaram por bons cem anos... E os mongóis nunca mais seriam os mesmos.

A religião é o ópio do povo

A dinastia Ming (1368-1644) fez jus ao significado de seu nome – brilhante e glorioso – ao optar pelos tradicionais valores chineses, evocando, por sua natureza, o que representou no passado de mágico e místico e que ainda pairava no ar, almejando perpetuar seu destino. Atingiu momentos de espetaculosidade na arquitetura – Palácio Imperial e Templo do Céu – e de grande beleza na escultura e artes decorativas – o vaso Ming. Desinteressando-se por negociar com o exterior, visto que o comércio passou a ser encarado como prática contaminadora de sua milenar cultura.

– Talvez para compensar o interlúdio mongol.

Consolidou a expansão mais ambiciosa do projeto da Grande Muralha, recuperando seu prestígio e poder.

– Até hoje, é a civilização mais antiga do planeta, em pleno vigor. Nenhuma outra sociedade conservou sua pujança, apesar de não merecer o equivalente reconhecimento dos lendários faraós egípcios, o clássico greco-romano, quiçá o império persa e o grandioso alexandrino da Macedônia, que sentiram o gosto de fel da decadência. Até mesmo as renascenças europeias não lhe fazem sombra, que, com todo o seu Novo Mundo e porvir iluminista, pautaram o apogeu na razão direta do estalar do chicote do colonialismo.

Contudo, é bom observar que, à medida que outros povos se espalhavam pelo planeta desenhando o Novo Mundo para impor sua cultura, a China evidenciou uma postura de impedir o acesso, de distanciamento e hostilidade às ideias estrangeiras, ao mesmo tempo em que a força de seu império ia enfraquecendo e desfalecia a energia no rumo das inovações.

Tradições e xenofobia não poderiam continuar a reinar absolutas, tanto que se importou abacaxi, amendoim, tabaco e sífilis. Aceitou-se a vinda de jesuítas, que ao encontrarem identidade e se irmanarem à filosofia de Confúcio, ensinaram, na matemática e astronomia, como se atrasaram em fundir o bronze para produzir canhões pesados e descobrir a pólvora.

Açulando a cobiça e o desejo violento de possuir o que o alheio tem de mais sagrado e bonito.

– Pela segunda vez.

Sim, provenientes da Manchúria, apoderaram-se de Pequim e conquistaram o resto do país, implantando a dinastia Qing (1644-1911). Os rudes manchus adotaram todos os refinamentos da civilização chinesa; nem mesmo o traço mais explícito de sua própria cultura, o rabicho trançado na nuca, sobrou-lhe. Ironicamente, virou *outdoor* chino.

– Por que essa simbiose pusilânime entre estar no poder e ser conservador? A mediocridade é mestra em cassar triunfos efêmeros e travar o progresso.

Nos anos 1700, a crescente demanda na Europa pelo chá, seda e porcelana aumentaram a pressão para liberar o comércio de qualquer peia, levando a Inglaterra a enviar emissários para negociações diplomáticas. Os chineses se mostraram irredutíveis – acreditavam que nada tinham a aprender ou lucrar com os demônios estrangeiros e seus artigos engenhosos.

– Típica mentira de pernas curtas.

Essa autossuficiência tinha seus dias contados. Deixaram-se seduzir pela prata oferecida em troca e abalaram o balanço de pagamentos britânico, instigando astutos comerciantes a pensarem num meio alternativo de pagamento: o ópio, devido ao uso indiscriminado por parte dos chineses sem que isso configurasse um vício, apenas uma tradição.

– Tradição?

Desde o século XI, pelas suas propriedades medicinais e narcóticas. A partir do século XVII, com a popularização do tabaco na China, é que se disseminou o hábito.

Os ingleses, que já tiravam partido do cultivo do ópio na Índia, Tailândia e Birmânia, trataram de estimular seu uso na China, transformando a tradição em vício. Criaram-se recintos públicos onde, por alguns cobres, recostados confortavelmente, os chineses desperdiçavam muito fumo, seus olhinhos apertados começavam a apagar, pagar, gar... e o ópio a queimar, desperdiçando combustível.

– Inexistia eficiência por parte do consumidor chinês ao fumar essa droga.

Tornando-os lentos e difusos, o tempo esticava e a dor de sua realidade desvanecia o requinte na exploração. Em 1833, transformaram o ópio em moeda forte ao dominarem o comércio, impondo de tal forma o consumo intrachineses que entorpeceu a China e enriqueceu o império britânico. O que deu margem a prosseguirem na cobiça de maiores nacos do território chinês, inventando conflitos e se apossando de terras para que seus capatazes plantassem e vendessem o ópio.

– Que deixa o povo alienado e indolente, incapaz de qualquer ato de rebeldia, insurreição e muito menos revolução, sequer identificando os ingleses como seus inimigos. Canalhice igual eu nunca vi! Ainda bem que mereceria troco dos marxistas ao inspirar seu dogma: "A religião é o ópio do povo".

Todavia, a Guerra do Ópio pipocou e representou o fim de um longo e tenebroso inverno em que as portas estiveram trancadas a todos os forasteiros que quiseram pisotear o solo chinês.

Ceder Hong Kong à Inglaterra por 100 anos e abrir os portos às "nações amigas", se rendendo ao livre comércio, foi inevitável. Sob a vigilância da armada naval britânica no domínio da costa, impunha negociar em virtude da necessidade e interesse dos impérios colonialistas num rol extenso de mercadorias que alavancaria o bem-estar dos europeus.

– Sinal aberto para ser explorada.

Contudo, o ônus político da desmoralização do império não se compara às mais de 30 milhões de vidas perdidas na rebelião de Taiping contra os valores seculares arraigados na tradição. Pequim descobria sua impotência e seu atraso tecnológico quando batida sucessivamente por russos e japoneses. Grande e populosa demais para ser ocupada por Inglaterra, Japão, Estados Unidos, Rússia, Alemanha, França, Itália e Áustria, rebenta a Rebelião Boxer que esperneava contra a influência estrangeira na virada do século XX.

– Começa-se a romper as costuras do império.

70 anos após a eclosão da Guerra do Ópio, líderes surgiam para exortar a reforma do regime e a modernização do país, no mínimo, para tornar a China forte o suficiente e resistir a futuras agressões estrangeiras, seguindo as pegadas do Japão.

Dr. Sun Yat-sen, médico educado nos Estados Unidos, diagnosticou a extensão do domínio do mal com conhecimento de causa: a anestesia do povo no âmbito da política e da saúde. Foi ele quem iniciou a resistência contra os ingleses para libertar o chinês do vício do ópio. Adquiriu um prestígio comparável ao de Gandhi, de tal modo que o decadente império se viu impedido de assassiná-lo, por seu papel de líder catalisador da insatisfação popular diante dos desmandos da corte imperial e do imperialismo inglês.

– Acenderam-se as luzes. Durante 3 mil anos o trono fora ocupado por uma figura imperial que corresponderia ao poder do Estado e autoridade espiritual numa só pessoa.

Enquanto os adoradores necessitam eleger um deus para si, na China os sentimentos religiosos sempre foram dirigidos ao imperador, mantido à custa do sacrifício do povo, cuja exploração progredira no mesmo nível do absolutismo reinante na França, na dinastia dos Luíses.

Com 122 anos de atraso, invadiram a Cidade Proibida e depuseram o infante imperador, reproduzindo no Oriente o basta dado pela Revolução Francesa. Ponto final na tradição imperial, varrida como se quebrasse um graveto e fervendo o nacionalismo.

A 1ª Guerra Mundial saudou a república recém-nascida, confirmando e reassegurando o regime de concessões que a fatiavam e desfiguravam, de modo aos ratos estrangeiros se servirem em seu regime de engorda. Ganha peso a fragmentação da autoridade no governo parlamentar construído sobre as cinzas da autocracia, emperrando a máquina e aumentando o receio em ver a nação se desmembrar.

– E pulverizar os 4 mil anos e pico de sua existência.

Mesmo porque a juventude já não queria saber de tradição nenhuma. Inicia-se um período de agitação que se espalha como um rastilho de pólvora no meio operário e estudantil, surgindo em 1921 o Partido Comunista da China. Em represália às potências do Ocidente, o Partido Nacionalista – Kuomintang – buscou apoio de líderes do recém-criado regime soviético.

O governo só controlava parte do território e o país ainda não havia sido pacificado desde a derrubada do império. Foi quando Chiang Kai-chek, cunhado de Sun Yat, estruturou a Academia Militar com requisitos e fundamentos elitistas que não lhe foram ensinados em Moscou e de vital influência na conquista do poder: oficiais recrutados na classe média, pois o curso secundário exigido excluía operários e camponeses.

Seriam seus homens de confiança em cargos de comando que consolidariam sua liderança no Kuomintang, com a morte de Sun Yat-sen, e deflagrariam uma campanha contra os xoguns chineses – possuíam exércitos próprios e não davam satisfação de seus atos às autoridades –, subjugando-os um a um.

– Conectar e fundir para pôr a tranca e reinar.

Em 1927, Chiang Kai-chek trucida 300 mil comunistas desarmados e estoura uma guerra civil que obriga Mao Tsé-tung a abandonar o modelo soviético do proletariado urbano e adotar a estratégia de guerrilhas em zonas rurais, procurando cercar as grandes urbes pelo campo, numa revolução agrária que exerceu enorme influência política no campesinato.

Em outubro de 1934, Mao Tsé-tung empreende a épica Longa Marcha em direção ao noroeste, atravessando cerca de 10 mil km, com 80 mil combatentes, entre quadros partidários, população civil e carregadores, que durou um ano.

– Foi uma das maiores retiradas estratégicas que já houve na História.

Alternava quatro horas de descanso com quatro de marcha, evitando qualquer combate frontal com o inimigo. Metade sucumbiu na travessia da montanha de Jajin, de 4 mil metros de altura, e nos pântanos de Sichuan, onde não podiam sequer se deitar para dormir. Ao longo da marcha, Mao Tsé-tung estabeleceu novos fundamentos para o Exército Vermelho e foi escolhido como líder do partido, preocupando-se em preservar a independência de suas forças militares nos esforços da guerra.

As tropas japonesas de ocupação já tinham desencadeado uma grande ofensiva que conquistou as regiões mais importantes da China, porém Chiang Kai-chek estava mais preocupado em perseguir comunistas do que com o fascismo, obrigando o governo nacionalista a raptá-lo e convencê-lo a formar uma frente única de resistência.

Derrotado o Império do Sol Nascente em 1945, a China mergulha na resolução de seu verdadeiro dilema após 22 anos de sangrenta guerra revolucionária que enterrou cerca de 60 milhões de combatentes. Facilitada pela decisão do regime de Kuomitang em manter em seus postos políticos e militares que colaboraram abertamente com os nipônicos, apenas para evitar que os comunistas expandissem sua área de influência.

Pequim se transforma na capital da República Popular da China, em 1º de outubro de 1949.

– Mao Tsé-tung compromissa o país mais populoso do mundo com o comunismo.

O fim da ocupação estrangeira, guerra civil, fome, bandidagem. Obrigando o governo nacionalista a se refugiar na ilha de Taiwan, desencaminhando as melhores peças de arte das antigas coleções do Palácio Imperial sob a sua tutela.

Época de construir em recinto fechado e demarcar o campo de ação.

Na Reforma Agrária. A prioridade era matar a fome e oitenta por cento da população se concentrava no campo. As autoridades confiscaram as terras dos proprietários e redistribuíram pela massa do povo sem-terra que, organizados em cooperativas, investiam a renda advinda de suas forças no bem-estar de todos. Foi uma nova ordem na agricultura que evoluiu, rejeitando o modelo stalinista e criando as comunas populares, inspiradas na Comuna de Paris.

– Só mesmo Mao. Comuna é conjugar a Revolução Francesa, que forjou parte do caráter comunista, com a China feudal, ainda gravada no inconsciente coletivo do chinês, em que o senhor suserano concedia autonomia às urbes que ganhavam projeção.

É, foi um grande achado. Reagrupadas em até 20 mil famílias, formaram-se brigadas de trabalho que reestruturavam a agricultura, a pequena indústria, comércio, educação e segurança. Suprimiram as cerejeiras do jardim, os móveis e utensílios da casa e até o porco da família. Aliás, família era reacionário no outrora domínio de Confúcio – seus filhos lhes foram tirados. Refeições em cantinas coletivas alimentavam imensos contingentes populares. A especialização e o dinheiro seriam eliminados, tudo de graça e de acordo com as necessidades, não segundo o seu trabalho. A meta era eliminar a individualidade.

Mao apressava-se em encurtar a fase socialista e pretendia circunscrever a China no comunismo puro.

Urgia empreender o Grande Salto à Frente que elevaria a China à categoria de superpotência industrializada.

– Urgia expandir.

Mobilizaram aldeias, escolas, hospitais, a construir pequenos altos-fornos e a recolher todo o ferro-velho intocado, dos porões aos celeiros. De cambulhada, panelas, marmitas, utensílios de cozinha, alças, maçanetas, enxadas, bicicletas, objetos de adorno, velhas lembranças. Metidos no fogo para fundi-los e transformá-los em aço a ser empregado na fabricação de maquinaria necessária a um programa de crescimento econômico, negligenciando a produção agrícola.

Mao Tsé-tung sofre o primeiro fracasso econômico no resgate da queima do conteúdo dos lares. O aço era de baixa qualidade e o sonho fantástico acarretou a fome que produziu 30 milhões de mortos e o retorno ao canibalismo. Foi de bom alvitre proibir a publicação de avisos de falecimento e o uso de braçadeiras de luto. Cupons de racionamento, filas de espera na frente de lojas vazias, e o regime, que perseguia o animal de estimação, cede às galinhas, por causa do ovo. Ao observar a descamação dos troncos dos carvalhos revertidos em sopa.

As relações entre a China e a União Soviética caminhavam de polidas para gélidas, atingindo o hostil diante do surto revisionista no Politburo. Enquanto Kruschev queria o degelo e a coexistência pacífica com o capitalismo americano, Mao se preocupava em propagar a chama revolucionária na Ásia e fazer com que o Terceiro Mundo aprendesse na cartilha marxista-leninista. Enquanto Kruschev divulgava os crimes de Stalin, Mao mandava prender todos os intelectuais e espíritos contestadores depois de tê-los instigado a criticar o regime. Como admitir denúncias de arrogância, incompetência, crueldade e rigor do regime?

– Os russos em favor da distensão e no outro *corner* do ringue os chineses se afastavam.

Ao soar o gongo, não permitiram que os submarinos soviéticos arribassem em seus portos: "Não deixaremos nunca mais, quem quer que seja, usar nossa terra para seus próprios fins". Em represália, os russos interromperam o fornecimento de petróleo.

– Interromper é cortar o acesso. Você não é mais benquisto em minha casa. Perda total dos direitos de tomar como seu minha intimidade. É pior que romper.

O que isolou a China mais ainda do resto do mundo.

– Se anteriormente já era isolada por pertencer ao bloco de países comunistas, por sua vez ignorados pela comunidade financeira internacional, agora acabara por se isolar dentre os coirmãos ideológicos.

Neste ínterim, ela já testava sua própria bomba atômica, os Estados Unidos iniciaram a intervenção militar no vizinho Vietnã e... adivinhe quem vem para jantar?

– Ser um país agrícola enfraquecido pelas guerras e possuir cidadãos que entregam o pouco que ainda lhes resta para crescer cinquenta anos em cinco, provoca calafrios. É visível que a União Soviética tentou cortar suas asas, receosa de que ameaçassem sua supremacia no bloco.

Mas foi sob a batuta de Mao Tsé-tung que a China se fez notada como uma potência de risco, passando a borracha numa imagem que enchia os chineses de vergonha e humilhação. De volta ao prestígio dos tempos do Império do Meio, se sentiram grandes e superiores, críticos do velho mundo, dando as costas para o exterior e abrindo a temporada de caça a tudo que era antigo.

– Ao ensimesmar-se, mergulhando profundamente em seus próprios fundamentos, desabrocha a verdadeira face do comunismo: "Não há construção sem destruição!".

É a Revolução Cultural. O cidadão seria intimado a escolher entre ser revolucionário proletário ou burguês realista.

– Burgueses que racionalizam e sofismam tapeando o povo com sua má-fé congênita, parida no desgoverno de um cio.

Empolgado com a erradicação dos burgueses, Mao rejuvenesce nos seus 73 anos e...

– É verdade que cruzou o Yang-tsé nadando 15 km ao lado de 5 mil compatriotas? Conta a lenda que nessa época cercava-se de uma corte abundante de tietes universitárias em seus deslocamentos pelas províncias, vorazes em conseguir seu autógrafo na alcova dos trens.

O fato é que estimula a juventude a se voltar contra a classe dirigente – no poder desde 1949, quando deram seu sangue pela causa –, e a impor a Nova Ordem de Mao, contida no Livro Vermelho, a pretexto de revitalizar a filosofia do partido.

Rompendo com os quatro anciões que suportam todo o peso da sociedade chinesa: costumes, hábitos, cultura e pensamento.

Milhões de jovens da Guarda Vermelha aderiram à dança das denúncias e perseguições, dentre eles, militantes hiperzelosos, carreiristas e destiladores de ódio. Expurgaram e liquidaram líderes em todos os níveis de atuação, acusando-os de serem ultrapassados, direitistas e contra a renovação da ideologia comunista. Mortos, atirados pela janela, afastados, isolados, presos, exilados, a grande maioria foi ridicularizada em praça pública com um cone de burro na cabeça, cartazes autoincriminadores no pescoço, levando tabefes, puxões de orelha, caneladas e cusparadas. Outros, submetidos a interrogatórios em assembleias de guardas vermelhos, horas a fio, de pé, em cima do estrado, de cabeça baixa, em posição de sentido: seu passado iria ser devassado, a chamada sessão de combates.

Cessou-se o funcionamento de todas as aulas para estudar os pensamentos de Mao.

Os professores foram as primeiras vítimas. Sem lei nem ordem, sorte era ser submetido à reeducação nas aldeias plantando milho e trigo com as mãos. O suicídio evitava a humilhação. De se desculpar perante o presidente Mao, curvando-se diante do retrato do imperador Mao, caldo de cultura ainda remanescente e indutor dos desatinos finais do maoísmo.

A maior parte da herança artística do país foi destruída como vestígio do feudalismo. O Velho Timoneiro desprezou os expoentes da cultura chinesa e estimulou o ressentimento contra a educação formal e os intelectuais, alvo fácil para uma população cuja cruzada educacional existia há apenas 16 anos.

Apoiado numa política de terra arrasada, o imperador Mao arriscou-se em pôr uma pá de cal sobre a arte e glória da civilização chinesa e entrou em declínio.

– O Grande Timoneiro é um Moisés que comandou o Continente Vermelho, ao abrir suas portas e guiar seu povo ao Promissor Universo. Ele morre em 1976, dez anos depois da Revolução Cultural, e eleva o povo chinês a um grau de respeitabilidade e prestígio nunca antes alcançado.

Marco Polo discorda. A China que viu – de seu tempo –, nunca mais esqueceu.

– Mas qual o papel a ser reservado ao Livro Vermelho? O arquivo morto?

O caráter religioso do culto a Mao Tsé-tung não teria lugar numa sociedade tradicionalmente secular como a chinesa, não fossem as impressionantes conquistas econômicas. Estimulou-se autocríticas para que as pessoas respirassem novos ares e se autorrenovassem, introspecção essa regulada pelo Livro Vermelho, sem espaço para ideias de caráter individualista.

O Livro Vermelho de Mao consubstancia os preceitos políticos para a consolidação do comunismo, deixando transparecer, no entanto, alguns princípios que sempre regeram a filosofia de vida do chinês. Que, de tão seculares e plenos de vigor, de tão arraigados e a querer romper com o imobilismo, de tão aferrados à tradição e a desmoitar as fronteiras do espírito para elevá-lo, chegam a transcender a ideologia irada contida na doutrina da cartilha.

No capítulo Luta de Classes, Mao enfatiza que algumas classes sociais triunfam e outras são eliminadas no curso normal da história das civilizações, sendo forçoso identificar quem somos nós, quem é dos nossos e quem é contra nós. Quem são seus inimigos? Quem são os seus amigos? Como é que um amigo se converte em inimigo?

– Por vezes, alguém se aproxima, demonstrando ser um amigo afável e solidário, com presença constante em sua casa, disponível para cultivar uma amizade. Você corresponde, mal escondendo um certo entusiasmo, pois amizade é coisa rara, e inicia a abertura dos canais pelos quais desfrutará desse convívio e intimidade. Expondo seu jeito de ser, quem você é e como resolve as situações intrincadas do dia a dia. Periclitante é quando seu amigo, na senda dos pecados capitais, passar a admirá-lo e respeitá-lo tanto que suas qualidades acabarão por incomodá-lo, sobretudo se evidenciarem o que ele tem de mal resolvido ou, de forma simplória, o que não possui na vida.

É nesse instante que alho se converte em bugalho. Perde a noção de limite e acha que a intimidade conquistada lhe assegura o privilegiado direito de fazer, dizer e pedir o que é vedado a outros. Age tranquilo, garantido pela certeza de que o amigo sempre irá compreender. Não se trata de desconfiar da própria sombra, mas se o inimigo pode entrar em sua casa na pele de cordeiro, todo cuidado é pouco.

– É nessa hora que vejo baixar o espírito protetor de minha mãe, que repetia exaustivamente para desconfiar sempre dos outros. Por outro lado, se somos atacados é porque temos alguma força ou predicado que atiça interesses e provoca inveja. Portanto, ser atacado tem seu lado positivo: demonstra que demarcamos claramente uma linha entre nós e os outros. Significa que quem ultrapassar essa linha evidencia que está em oposição e invadiu para destruir. Para se apropriar de uma forma de ser que incomoda os fanáticos vampiros.

Mas o inimigo não morre sozinho. Há que aprender a se livrar dele. Mao é quem diz. Saber enxotá-lo de sua casa. Porque ele te seduz, inventa mil artimanhas, glorifica a ilusão de ótica e emaranha tudo para não se ver sozinho consigo mesmo. Reforça a tendência pessimista de valorizar o que não presta e desvalorizar o que presta. O difícil de verdade é aprender a não deixar entrar o próximo, marcado pela vida madrasta que o persegue implacavelmente. Fortalecer-se espiritualmente para não confundir adulação com reconhecimento de caráter e confiar mais no seu taco para não ficar de rabo abanando, no aguardo de um elogio ou mimo que tarda em chegar, ajuda.

– O risco de exagerar nas suspeitas é deixar escapar por entre os dedos quem compartilha dos mesmos anseios e está disposto a somar em lugar de dividir para reinar. Porque não vem expresso no rosto o que você vai precisar descobrir. Sozinho.

Faça hoje o que pode deixar para amanhã, Mao é quem pontua. Só se chega ao verdadeiro conhecimento abstraindo-se da matéria e adquirindo consciência de que o espírito pulsa forte em todos, dando de graça discernimento e provando que existe, ao nos empurrar da teoria para a prática. Se você se interessa em saber o porquê de certas coisas que sucedem em sua vida e se quiser ampliar sua consciência, tem que empenhar uma grossa fatia, de todo santo dia, na prática de mudar a realidade, repetindo à exaustão.

Mao Tsé-tung se vale da pera para desencruar uma tendência a vegetar na vida, e transformá-la por sua conta e risco. Tome a iniciativa de prová-la, descubra e se aposse de seu sabor, apropriando-se da delícia que ingeriu ao encher a boca de água. Só então se pode dizer que você a conhece e que está apto a transformá-la. Não basta a ponta do pé para examinar a temperatura da água, há que mergulhar.

Mao nos desassossega ao eleger a complacência como inimiga do crescimento, não admitindo que divagações sabotassem a concentração em ser insaciável no aprender. Não há que se falar em ceder quando se trata de aprender. Senão corre o risco de nada acontecer na sua vida. É o que nos mantém vivos, atentos, ligados, dinâmicos, sempre querendo fazer mais e mais.

– Enquanto energúmenos e fariseus tentam te comandar ao pretenderem avaliar sua bagagem no curso de sua missão. Foi o que mais ouvi antes de iniciar essa peregrinação: "Vai dormir, já fizeste muito, para que tudo isso? Não corra! Aonde pensa que vai chegar? O que você vai fazer lá naquele fim de mundo? Estás louco?!".

A autocondescendência é a mãe da inércia. Contrariando a genética, o fundamentalismo maoísta observou rigorosamente a ortodoxia como reação aos padrões capitalistas que malbaratam a identidade cultural e o retorno a uma sociedade que vincula seus laços e o interesse maior às responsabilidades sociais.

Por isso, o espírito de Mao sobrevive, a despeito dos milhares que sofreram com os desmandos provocados pela Revolução Cultural terem sido reabilitados – Deng Xiao Ping na crista da onda. Apesar do culto, expresso em murais, outdoors e slogans, ter sido removido de escolas, fábricas e hospitais.

O que não impediu de rolar a cabeça da viúva de Mao. A linha dura caiu para dar prioridade máxima à flexibilidade e modernização da China, a qualquer preço, já que passou a se admitir como uma economia subdesenvolvida, o que serviu para abrir as portas a um maior intercâmbio científico e comercial com o Ocidente.

Abrir é terminar relacionamento. E começar de novo. Os turistas estrangeiros logo acorreram para admirar os esplendores da cultura chinesa, inacessíveis por tanto tempo.

A China agora está consciente de que entrou numa fase que repete o velho adágio local: só com a abertura do casulo se consegue a seda.

Despertou para a irreversível globalização que viria, dez anos antes da queda do Muro de Berlim, e rearranjou a economia em torno do "velho dinheiro" para recompensar o esforço extra e as boas ideias, estimulando a produtividade. Uma gradual reabilitação da iniciativa individual e o desejo de lucro se espalharam pelo país, exortando a quem quisesse fazer negócio em seu próprio proveito. Aos camponeses, foi-lhes permitido vender o excesso de produção, de olho no fim do tabelamento de preços.

A chave para sair das amarras comunistas que estreitavam o padrão de vida e limitavam a abundância foi franquear a China para o comércio exterior, centrando fogo nas exportações a partir de zonas francas em cidades costeiras localizadas estrategicamente perto de Hong Kong, Macau e Taiwan. Atraiu-se financistas, armadores, banqueiros e negociantes, a nata do capitalismo chinês, e compartilhou-se os negócios da China numa gigantesca sociedade denominada *joint-venture companies*, que mais parece uma autêntica confraria de chineses.

A sociedade de livre mercado ganhou a guerra quando admitiram oficialmente o questionamento da infalibilidade de Marx e Lenin, mergulhando num processo de transição econômica entre um regime fechado e outro de capital aberto. E principiou a esboçar uma nova História, sempre cercada de mistério, apesar de quase não ter história que empolgue os trinetos de Mao.

– É uma história rica em ancestrais, não se distingue o real do mítico, a fábula da epopeia. Mas, sem sombra de dúvida, a espiritualidade dos ancestrais está presente para nos orientar e observar a atitude responsável por nossas ações, compartilhando o seu conhecimento, uma maneira de alcançar a imortalidade, e incentivando-nos a ir a algum lugar em que nunca estivemos antes. O que mais me chamou a atenção para decifrar meu enigma e me desprender dos cordéis com os quais tentam me manipular foi a retirada estratégica, sem paralelos, que efetuei diante de um pai todo-poderoso, solitário, antagônico, antítese da família, que atrai o sentimento de abandono, puxa o cordão do descrédito, empurrando nós, filhos, para a vala comum da intolerância, prisioneiros numa torre de castelo. Apenas para não reconhecer que há mais de meu pai em mim do que gosto de admitir, se levado em consideração que grandes amores e conquistas envolvem enorme risco.

Risco de perder, mas não de perder a lição. Mesmo porque, não conseguir o que deseja de todo o coração, por vezes, é um lance de sorte.

– Reclamei tanto de seu silêncio sepulcral que agora utilizo da mesma arma ou artifício para responder aos que não me entendem. Justamente porque, no curso da discordância, só levantava questões passadas e ele se engasgava, jamais planava na situação presente. Sequer pressenti que o seu benquerer viria por onde tive que abrir mão para consegui-lo. É época de me reconstruir no sacrossanto lar e demarcar o meu campo de ação, circunscrito à pureza de minha alma.

Urge expandir por dentro, em favor da distensão, mas afastando-se de atravessadores que cortem seu acesso às vias lácteas disponíveis. Retire-lhes as credenciais de entrar em sua casa. Essa gente se julga grande e superior, quando são apenas críticos azedos que abrem fogo contra tudo que os ameace a se desalojarem da imensa panelinha em que se protegem.

– Ao mergulhar profundamente em meus próprios fundamentos, desvendei minha verdadeira face: não há construção sem destruição! Espanei a empáfia de uma imagem que me impedia de alcançar uma atmosfera de amor em que a troca deve prevalecer sobre o egoísmo de carências afetivas, aprendendo a não ferir o outro por disputas, na sua maioria, em torno de questões menores.

Há que cessar o despejo de disse me disse que contribui para poluir a capacidade de discernimento e arriscar-se a pôr uma pá de cal sobre o falso brilhante da glória do passado.

– Abri as portas para respirar novos ares e me autorrenovar. De tão apegado e arraigado a uma forma de viver que só eu sei, só eu sei quanto pesou a fatura do imobilismo, destrancar as porteiras e conectar-me com o universo da espiritualidade, transcendendo a ideologia irada contida no materialismo histórico. Para não mais correr o risco de deixar escapar por entre os dedos quem compartilha dos mesmos anseios. Como é que um pai se converte em inimigo?

Abrir é terminar relacionamento. E começar de novo. É despertar para a irreversível globalização que joga bombas de precisão cirúrgica e nem sempre acerta o alvo, sacrificando inocentes. A chave para sair das amarras que estreitam o horizonte de vida é franquear a passagem queimando as barreiras e findando a guerra, admitindo falhas em ser cerebral, o que não implica em falência do cérebro.

– Às vezes, eu não sei quem sou. Ora inabalável, uma cor que não desbota, ora fácil de manejar, deixando aturdidos os que pensavam eu ser imutável. Ora não temo a obscuridade por ter a companhia de minhas visões, ora me ilumino no vazio com devaneios que irão se materializar.

Yin e *Yang*.

– Parece que somos condenados a cair na clandestinidade e enfrentar a situação molestando-a com a oposição. A escolher um dos lados e pelear. Preferível alternar de posição sem abrir mão de nossos verdadeiros valores.

É o abre e fecha. Nos idos em que a civilização árabe dava as cartas, o comércio já era uma grande feira que crescia a olhos vistos, fixados nas cores, textura e sabor, obrigando que chineses e negociantes estrangeiros falassem a mesma língua: o papel-moeda foi o intérprete. A dinastia Ming, no entanto, descobriu que exportar não é a solução e o perigo mora na importação. O bacilo alienígena pega uma carona e deturpa a representação fiel de culturas, resistente que é a quaisquer tratamentos, destemido no combate corpo a corpo com o fluxo da energia vital.

– Até hoje dispensam a indústria farmacêutica, a farmacologia da aspirina.

Decretam morte ao hipocondríaco, à enxaqueca que nasce na má digestão da antipatia, às náuseas da repulsa, ao desarranjo da pressão e ao viciado em anfetaminas, irmão siamês do apostador de corridas de cavalo.

– São as guerras internas. O inimigo sempre morou dentro de nós teleguiado por valentões que só têm a garganta para nos manietar, face à miserável existência a que se restringiram – nem eles mesmos se aguentam.

Só rompemos as costuras de nossas tradições quando fechamos as portas para esses marginais que transformam nossas vidas em campos de teste ou laboratórios de experimentação.

– Daqui de dentro, sinto o calor das luzes se propagando lá fora, o que me conforta, na medida em que amadurece o brotar do meu Renascimento, distante de um estilo calcado em ouro nos arcos e florões que exprimem a revolução artística dos séculos XV e XVI no nostálgico retorno à civilização greco-romana. Durante muito tempo, o trono fora ocupado por um totem que corresponderia ao pai santificado, ao coronel do sertão que manda chuva, ao pai de santo, uma santíssima trindade da qual se beija as mãos em sinal de respeito, ao enfeixar poderes dos quais não se pode duvidar. Seu espírito, ah!, nunca pertenceu a esse mundo. Foi atrás dele que eu sempre andei e nunca encontrei. Ferveu em mim o desejo de arrancar esse trono tirânico da minha consciência. Cujo silêncio me oprime, me persegue. O sangue atinge o ponto de ebulição.

Defronte às tumbas do imperador Qin Shihuang e seus guerreiros terracota, em Xian.

Os guerreiros terracota

Xian, capital do império chinês que durou 11 dinastias, cujo legado mais famoso Qin Shihuang erigiu em apenas 15 anos, depois de fazer os senhores feudais sentirem o fio de sua espada, ao unificar o império com tal convicção que um deles chegou a oferecer sua mulher grávida para que o seu reino não fosse destruído. Tirania e crescimento econômico, interligados, promovem o amálgama de culturas e fazem crescer o bolo, de olho na posteridade.

Inspirado em sonhos de faraós que se manifestam ao sair do sono, Qin Shihuang ergueu debaixo da terra uma reprodução do palácio imperial e da urbe nas mesmas dimensões de acima, ocupando uma área de 200 mil m², adornado com o mobiliário no estilo, peças finas, vasos raros e tesouros. A visão do teto correspondia a um planetário. Rios e lagos construídos para representar o mundo terreno. Um mausoléu subterrâneo, local propício para o imperador refletir sobre a morte.

Na mais notável descoberta arqueológica do século, que mereceu o título de a oitava maravilha do mundo, foram encontradas cerca de 7 mil estátuas, os chamados "guerreiros do imperador", em tamanho natural, enfileiradas em colunas, feitos de terracota, representando generais e soldados, seus cavalos e carruagens.

Impressionante a expressão facial, parecem reais, não se veem duas iguais! Variam entre solene, indignada, sanguinolenta, séria, risonha, perdida no pensamento – transportando-nos ao passado. Todos os guerreiros são equipados com cerca de 40 mil armas de bronze. Algumas espadas continuam brilhantes e afiadas porque fundidas em processo científico refinado, utilizando técnicas de anticorrosão e antiferrugem que só vieram a ser conhecidas nos tempos modernos. Além das armas, as peças de vestuário e adereços da armada são reproduzidas em detalhes, podendo-se ainda hoje ver resquícios das cores originalmente usadas – quão imponente e grandioso era o exército terracota!

Qual é a sensação de uma civilização como a chinesa ter sido enterrada? Não o foram as pessoas, decerto, mas de tão vívidas reproduções, claro o sinal de que é como se tivessem continuado eternamente vivos debaixo da terra. Permaneceram enterrados por mais de 2 mil anos, até redescobrirem o brilhantismo e esplendor da China, através dos rostos crispados pela intrepidez dos guerreiros terracota.

Que tal conservar-se encapsulado durante seu interminável tempo, à espera da decisão inapelável de reencarnar, e guiar-se espreitando a 25ª hora em que a alma dá sinais de maturação quando tremelica de satisfeita? Vencera a detenção em sofrimentos que a mantinha atada à vida passada. Recuperaria o vigor infantil, armado da inocência, e voltaria a conjugar com a justiça imprevisível do mundo terreno em que as sentenças nem sempre esclarecem os desígnios da Providência.

Será que para desenterrar o espírito seria preciso que tivessem explodido 8 mil obuses de origem alemã, enterrados em Chatelet-sur-Retourne, povoado de 600 habitantes a 250 km de Paris, num arsenal abandonado desde o fim da 1ª Guerra Mundial?

Xian desenterra meu espírito, tal como se eu fora um terracota, despertado pelo abracadabra que vibrou meus tímpanos, saindo debaixo da terra e vindo à tona para descobrir o que há por trás do progressivo desaparecimento do Oriente místico sob crescente massacre tecnológico. Renascer na complexa transição para o progresso material dos chineses, comandada pela hidra de duas cabeças – capitalismo e socialismo – que tentam conversar e costurar um pacto em que a anciã sabedoria das crendices populares continuaria a permear a rica e secular tradição chinesa.

Nascemos da mesma árvore, colhemos o mesmo fruto. A seiva, que circula nos caules – nosso esteio – e vasos lenhosos, é o sangue de todos nós, a energia materializada, o alento de quem não teme unir os laços em matrimônio, pois que cão e gato, raposa e galinhas, lobos e cordeiros, judeus e palestinos, tão somente reforçam e ampliam o conceito de família.

Foi como aprendi. Pura intuição. Ao observar bem, sem deixar que ninguém notasse. Mesmo porque era proibido falar sobre o que quisesse. Sobre temas livres, sem censura. Até hoje, dependendo do terreno em que pisa. Em silêncio, você constata, com surpresa, que o ser humano mente de forma contumaz. Para si próprio. Mas não consegue disfarçar quando a boca subitamente treme, o olho pisca descompassado, o nariz funga sem razão, a orelha coça e pica sem que haja mosquito por perto, bem como o paladar clama pelo doce que reverta o amargo.

Quem sabe se, ao desenterrá-los antes do tempo, não teriam sido destruídos pela impulsividade de algum povo guerreiro, invejoso do gigantismo emanado do porte e resplendor dos guerreiros terracota? Quem sabe se, restabelecida a vida precocemente, a megalomania que os investiu na condição de guardiães do império feudal chinês não os reduziria ao pó que varre o deserto de Gobi? Por quererem forçar sua hora e vez de materializar tudo que ambicionavam atingir, por se julgarem merecedores desde que nasceram.

Por mais que se incorpore conhecimentos que enriqueçam o acúmulo de experiências creditadas em sua conta, a alma tenderá a confirmar a Lei de Murphy e se encaminhar, em seu aperfeiçoamento, na direção oposta à determinada pela lógica e o seu fiel escudeiro, o nexo, perfilados em regime de inclemente vigilância, prontos para invadir sua intimidade ao menor sinal de que irá priorizar o desejo.

Ninguém te vê, reconhece, te dá importância. Você está morto, enterrado. No entanto, a qualquer momento, você pode se redescobrir. O Oriente nos ensina a saber esperar. A saber ver os sinais que a vida nos dá, a saber ouvir o que as badaladas do sino de bronze anunciam. A apurar a intuição, sem permitir que a intelectualização no curso de uma vida civilizada obstrua ou sabote tudo que valeu a pena aprender.

A descoberta arqueológica de Shandong confirma. Foram encontrados ossos de cordeiro que datam de 3.500 anos que, junto com cascos de tartaruga, eram postos no fogo até se quebrarem. A partir das fissuras criadas pelo calor, os adivinhos previam terremotos, pragas, guerras, enfim, o destino do império, esculpindo suas previsões nos ossos semicarbonizados, propiciando ao chinês o luxo de reencontrar seus antepassados e interpretar a evolução do seu pensamento.

Os estudiosos procuram entender como ocorreu a passagem dos antigos ideogramas para os códigos de linguagem contemporâneos. Enquanto a escrita cuneiforme e os hieróglifos egípcios caíram em desuso, dando lugar a linguagens que desembocaram nos atuais alfabetos, a chinesa, por ser a língua mais antiga ainda em uso no planeta, é a que melhor guarda as características de transição entre o desenho e a escrita moderna.

A escrita ocidental é fonográfica. Os símbolos gráficos são as letras e elas representam os sons da fala. Ao passo que os símbolos da escrita chinesa são verdadeiras pinturas; escrevê-los é uma arte, a arte da caligrafia. Atrai pelo que possa ter de especial e estranho.

Por isso, tudo que é relativo a pintar símbolos gráficos chama a atenção dos passantes na rua e os detém de imediato. Aglomeram-se para ver o artista desenhar ideogramas em rolos de pano – de textura semelhante ao linho engomado que relembra o pergaminho. E aglomeração na China principia no número 50, principalmente se alguém pedir ao escriba uma mensagem, algo relacionado à longevidade, felicidade, destino, dinheiro. Desperta curiosidade, se encarado como um oráculo.

No coração da multidão reina uma particular mistura de silêncio e rumores que empurraram minha singularidade a se perder no plural de um restaurante com capacidade para 3 mil pessoas acomodadas em diversos pavilhões, construídos no estilo pagode chinês, separados por lagos, pontes e recantos ajardinados. Batendo cabeça com cabeça, atabalhoadas no afã de bem servir ao estrangeiro que "nos dá a honra", são destacadas quatro serviçais para cada mesa.

Logo que me sentei, pus-me a fazer anotações, ao dar relevo e figura a ideias que tentam desvendar meu lado imprevisível e o todo ambíguo. O que espicaçou a curiosidade das minhas jovens atendentes. Senti-me examinado como se eu estivesse dentro de uma jaula num jardim zoológico, como um animal exótico, digamos, um urso panda. O pelo que coalha minha pele e a barba cheia contrastam tanto com a pele lisa deles, que chegam ao ponto de tocar a pretexto de ver se os tufos desanelam. Seguram no meu queixo, acariciando a barba: "É, isso aqui ajuda você no frio, te esquenta mais, né?".

De repente, as garçonetes, uma a uma, vieram à minha mesa para saber o que eu havia rabiscado. Até que uma delas investiu-se de mais coragem e surrupiou meus papéis sem o menor constrangimento. A tradicional timidez deu lugar à doce brincadeira de passá-los de mão em mão, pelo prazer de satisfazer a curiosidade diante de uma escrita antípoda. A *maître* não as censurou, igualmente se interessando em investigar os hieróglifos, de tal modo que os repassou aos cozinheiros que, ao terem ouvido o alvoroço, haviam abandonado a cozinha. O que, em absoluto, diminuiu minha compulsão em escrever. Nem muito menos a ingenuidade de recolher folha por folha, mesmo não entendendo patavina, esboçado no sorriso infantil. Tentando identificar quem eu era.

Enquanto seus olhos retesados rasgavam-se de rir, senti-me como um imperador de 300 concubinas, refestelado na poltrona do faraônico restaurante, cercado de servas por todos os lados a querer me banquetear. A reprodução barata de uma moeda falsa.

O imperador e suas concubinas

A quantidade é espantosa, pois varia em torno de 20, 50, 100 por imperador, que importa o número? Embora os califas, sultões e marajás fossem mais pródigos no harém, passando de mil. Como é que o imperador podia dar conta de todas essas mulheres ao longo de sua vida útil? E quando ele desejava uma mais do que as outras? Daquela ali do canto. Sua preferida. Queria estar mais tempo com ela. Possuí-la de maneira especial. É amor? Afinal, todo imperador tem seu dia de Orfeu e a resgatar sua Eurídice.

Então, ela se tornaria a nova imperatriz, ou a favorita. E se mais tarde viesse a se apaixonar por outra? Sim, porque com tantas mulheres à sua disposição, de repente, ele acaba se apaixonando de novo. Questão considerada irrelevante para a época, visto que ainda hoje todos raciocinam de forma machista, inclusive as mulheres: "Com tantas beldades ao seu dispor, você acha que ele vai amar alguém?".

Consumada a celeuma, será que quem desfruta, a seu bel-prazer, de 600 mulheres, é imune ao amor? Não pode ser vítima do amor subitamente? Será que isso é impossível de acontecer? Ninguém consegue imaginar que haja espaço para amor entre os homens em estado de graça com esta situação onipotente e cheia de privilégios, cercados de mulheres tão desvalorizadas por eles mesmos.

A menos que fizesse uso da raspa de chifre do cervo de Taiwan, poderoso afrodisíaco. Prevaricar com 300 amantes é resultado direto de seu poder imperial e divino de fazer o que bem entendesse. E quase nada há a ser acrescentado quanto à convivência, porque nenhuma dessas mulheres era sua mulher, na verdade, mas apenas criadas ou escravas que compunham sua coleção de figurinhas.

Digamos que a figura da imperatriz passe a lhe causar repulsa. Bastava o cheiro de seu perfume. Cabia-lhe tão somente eleger uma nova concubina e fazê-la ascender na escala de preferência. Ou trocar de imperatriz. O divertido que garantia o bochicho da corte era o jogo da sucessão, a sequência de amantes que se substituíam ininterruptamente.

A exemplo do mundo globalizado de hoje, em que basta implicar com um jeito impertinente de falar ou um ser azedo, para se proceder à substituição de parceiros, evidenciando a liberação de costumes a que chegamos para iniciar e terminar relacionamentos. Descarta-se sem pudor.

O contexto histórico não é o mesmo do imperador da China, mas, na essência, a conduta é sinônima. O fulcro da reviravolta no século se iniciou com a derrocada do império chinês e o desmancho do mito do harém imperial, em 1911, abrindo passagem para a mulher escapar por entre os escombros dos muros que a encerravam e conquistar sua liberdade de escolha.

Só então foi abolido o costume de enfaixar os pés para atrofiá-los de tal forma que coubessem em sapatilhas justas, obrigando-as a andar de pés juntos, a passos curtos, para que não perdessem o equilíbrio e não fossem muito longe. Adquiriram um jeito de caminhar bamboleante que, contraditoriamente, tornaram-nas mais *sexy*, disfarçando a tortura que Marco Polo não enxergou e que aviltou 700 anos de feminilidade, sacrificando em triplo seu perfil submisso e servil, desonrando a natureza da mulher.

Adquiriram o poder de veto – a senhorita Zhao não morrera em vão. Em 1919, cortou o próprio pescoço dentro do palanquim que a levava ao casamento indesejado, prometida que fora sem seu consentimento.

Todavia, o poder de veto ainda não foi assimilado pelo homem, haja vista os ensandecidos conflitos entre os dois sexos que se generalizaram a partir daí na arena dos relacionamentos. Soltas as amarras, vem se pagando um preço alto pela liberação dos costumes em ritmo alucinante.

O mundo não anda mais, corre acelerado. Você tem de correr atrás. Atrás da internet que vai conectá-lo com o mundo. Do curso de inglês para falar correntemente em um mês. Da terapia breve para resolver o quanto antes seus problemas existenciais. Tranquilamente pode-se empurrar o louco para fora do hospício porque ele não se sentirá tão diferente dos outros.

Em meio à disparada, o pacto nupcial, de sólido ao ar rarefeito, esquecemo-nos dos sentimentos. Dos laços frouxos que estabelecemos. De que abrimos mão de uma amizade de longa data por termos desaprendido a cultivá-la. Não se admitem nem se respeitam opiniões contrárias à sua porque não se pode esperar o tempo necessário para saber "o que eu sinto por você".

"O amor não se compra pronto" é desmentido pela prática avassaladora da ciranda do amor que procria dez, quinze ou inumeráveis relações trânsfugas, transcorrido apenas meio século de vida. Quando com 50 anos em 1950, o sujeito já era considerado velho, 32 era balzaquiana para Machado de Assis. Parece que o homem é o centro dessa questão, todavia a mulher se inseriu para derrubar essa primazia. Quase não se conversa a respeito por se tratar de um tabu que ainda sobrevive à revolução sexual. Associar número elevado de parceiros a ser devasso e libertino é do tempo em que sexo era tabu e educação sexual era matéria de competência dos pais.

Por não acompanhar os novos costumes, o próprio vocabulário não ajuda muito a esclarecer, visto que, no popular, relação é associada preferencialmente a sexo, enquanto relacionamento mal consegue definir se é casamento, namoro, convivência em casas separadas, experiência conjugal, caso, amizade colorida, maridoamante, esposamante, dona flor e seus dois maridos, ou simplesmente ficar. Se uma relação durou três meses e os namorados dormiam juntos duas vezes por semana, era um exercício do direito de liberdade sexual ou já resvalou para a tentativa de construção de um relacionamento?

Como as convicções sobre o amor estão abaladas, às vezes faz-se necessário investigar se realmente você está interessado no parceiro e se a relação irá vingar. Nessas circunstâncias, você investe o seu afeto e avalia o que vai render dentro de um prazo de modo a não incorrer em perda de tempo. Caso contrário, o contrato estará automaticamente rescindido. A natureza frouxa desse relacionamento implica em que ambas as partes têm permissão para recorrer à infidelidade. A traição perde sua capital importância no resgate de compromissos, sustam-se cobranças no expurgo dos juros de dívidas afetivas.

Qual é o limite da permissividade das infidelidades? *Yin* ou *Yang*? A alternância de companheiros, movida a impulsos *Yang*, deve preponderar sobre a incompatibilidade de gênios? O caciquismo à cabeceira da mesa jamais permitiu ver o rei nu – bom mesmo era ser incensado como o imperador. Ou a tolerância, no bojo de ondulações *Yin*, deve conduzir à abertura do relacionamento, sem extingui-lo? Imbuído do propósito de apenas recolhê-lo ao estaleiro para reparos, recondicionando o motor para uma nova missão.

A posse e o autoritarismo fecharam impunemente um oceano de relacionamentos desde a criação do mundo, tornando precários os laços de ternura e aumentando a incidência de riscos em busca de um grande amor. A missão é retirar o amor da clandestinidade.

É necessário conhecer-te a ti mesmo – outra missão a nós confiada, essa do Arcanjo Sócrates. Não é tarefa das mais fáceis, principalmente se elegermos o povo chinês como ponto de partida. Transparecem uma milenar civilização sem a arrogância de uma nação que impõe sua hegemonia aos outros – o Dalai-Lama e o budismo tibetano, respeitosamente, divergem. Sempre sorridente e afável, empenha-se em enfrentar toda situação com a maior dignidade. Para tornar suportáveis as relações humanas.

Em tempos de crise, perseveram e combatem a indulgência – melhor possuir pouco que demasiado. Quando a fartura lhes sorri, assumem o comando cautela e modéstia. Guardam um pavor de associar pobreza à decadência, de a corrupção engolir o governo que os dirige, de se renderem ao fascínio pelo estrangeiro, de darem mau exemplo às gerações seguintes, de se omitirem. Em hipótese alguma, admitiriam ser discriminados novamente, tratados como minoria.

A cultura chinesa constitui uma síntese complexa e original expressa na contribuição de várias fontes, descendente de múltiplas combinações étnicas, tais como os tai, tungues, turco-mongóis, tibetanos, que foram parcial ou totalmente assimilados na medida em que suas culturas acabaram por se integrar à civilização que se construía.

Toda sabedoria extraída do pensamento é inicialmente de essência religiosa. A China não escapa a isso. O chinês não é fatalista como o grego que acreditava em um destino todo poderoso e cego. "É possível subtrair-nos aos males enviados pelo céu, mas não podemos escapar às infelicidades que nós mesmos provocamos", declara Chu-King.

Abominam o emprego da lógica para interpretar suas necessidades a tudo que diga respeito à sensibilidade humana. Bordeja a ignorância se estúpidos insistem na discussão estéril, em altos brados, na intenção de aprofundar a crítica e chegar a uma definição, no debalde esforço de alcançar a perfeição sem subterfúgios. Mergulhando no sofisma que destila má-fé cínica ao resultar em sistemas e teorias que induzem a novos erros, divorciando a filosofia da vida. Não é por outra razão que o Oriente acolhe Shakespeare com muita atenção, porque não procurou definir coisa nenhuma – seu teatro já portava em seu corpo a grandeza humana e o senso trágico que a acompanha.

A que o homem aspira e o que lhe causa repulsa, norteia o espírito do chinês, que enxerga na noz uma fonte de energia, por levantar o moral ao reproduzir a cabeça na casca e a massa encefálica no conteúdo. Embora seja generalizante o impulso em detestar a morte, a miséria e a dor, estamos fechados para dedicar um minuto de atenção que seja. E abertos para eleger, no rol dos quereres, beber, comer e atender o desejo sexual de vaidosos que nos desdenham com sua soberba. Fechando com o imediatismo dos prazeres fúteis, e abrindo fogo contra quem ousar tirar o pão de nossa boca, no mais puro e absoluto clichê.

Pato à Pequim

Pouco se me dá o rótulo do capricho se ferido por suscetibilidades provocadas pelos frívolos. O que norteia o meu espírito é que eu não gosto que me façam de pato e tampouco dos que transformam os outros em pato – não sei de onde o pato tirou o bilhete premiado para obter essa fama. E foi assim que me senti quando quis comer o famoso pato à Pequim – pato assado com a pele laqueada.

Logo ao pisar no solo de Pequim, me programei para comer esse pato à noite. Fazia parte do roteiro assistir antes a um espetáculo acrobático, no qual os chineses são especialistas. A apresentação iniciou-se às 7 e terminou às 9 horas, avançado na noite para os padrões chineses, pois os restaurantes já haviam cerrado as portas. Há que dormir cedo, porque cedo madrugam.

Pequim ainda é muito mais comunista do que capitalista, embora o potencial de consumo do país deixe no chão o colosso do império americano. Nas ruas raramente se vê alguém de terno, os homens usam calça social e camisas de mangas curtas, com capanga e sapatos de amarrar, nunca tênis. As mulheres ainda não pintam o cabelo de loiro, discretas no vestir. Estão sempre a limpar o chão, as vitrines, os corrimões, as ruas, onde não se avistam cachorros – hábito considerado burguês possuir animais de estimação, o lugar deles é na panela.

É um misto de cidade medieval e moderna pela justaposição de uma pompa imperial à energia contemporânea. A maior parte dela é plana, bênção aos milhões de ciclistas que pedalam em direção ao trabalho, enfrentando o *rush* e o caos de ônibus e caminhões, todos em baixa velocidade.

Tão plana que inspirou o poder imperial a mandar erguer colinas artificiais para que pudesse, em absoluta privacidade, desfrutar da brisa do verão e contemplar a visão panorâmica do complexo arquitetônico.

A simplicidade dos modernos prédios cinzentos contrasta com a suntuosidade da Cidade Proibida, construída pela dinastia Ming. Proibida, porque inacessível ao povo até 1911, com seus dez impressionantes palácios, além de pavilhões, pátios, jardins e passarelas, separados por portais vermelhos e dourados, cuja marca registrada – os dragões – não quebra a harmonia reinante. Para não falar do estarrecedor número de aposentos reservados ao séquito de esposas, sem nenhum prejuízo para a Imperatriz. Um monumental conjunto protegido por muralhas e fossos, uma verdadeira ilha.

Ao conhecer um executivo francês na Cidade Proibida, senti-me em casa. Sua esposa era uma ex-economista brasileira que abandonou o batente para se casar com Henri e controlar o orçamento da família. Combinamos de ir à Ópera de Pequim, tomando a precaução de jantar antes. Como todo bom francês, *expert* na arte do bem comer, já tinha o restaurante escolhido, a três quadras do teatro, após minucioso exame no Gault et Millaut. No entanto, o taxista demorou a localizá-lo por não entender os hieróglifos ocidentais, consequência do vacilo do francês que não anotara o endereço em caligrafia chinesa.

A título de degustação, Henri comandou uma porção de pratos a fim de provar o que tinha de exótico na culinária chinesa, sem esquecer-se do pato, é claro. Sequer supunha que havia acionado um banquete servido em largas travessas que exibiam as dez iguarias pedidas. Exceto o pato. A ponto de se requisitar outra mesa para acomodar as travessas. Acostumado com as diminutas porções francesas e de olho no pato que tardava, o trio não conseguiu dar conta do recado.

O desbastamento da fome começara por volta das 6. Uma hora depois fomos obrigados a solicitar a conta, pois a ópera se iniciava em quinze minutos. Ainda não foi dessa vez que comi o pato. O desejo pelo pato havia sido compensado pelo banquete bom, bonito e barato. Só faltou o ninho de andorinha, porque até cobra foi servida.

Na manhã seguinte, resolvi espairecer minha fixação em pato no Templo do Céu, celebrado por reunir uma sucessão de pagodes que refletem a formidável arquitetura do século XV, que identifica a China na nossa imagem mental e embasbaca qualquer ocidental que pensa ter o rei na barriga.

Ao percorrer os 280 hectares de passarelas ajardinadas do Palácio de Verão, onde o imperador descansava de sua labuta, defrontei-me com uma impressionante embarcação ancorada no imenso lago artificial, construída em mármore sob a forma de pato. A essa altura fiquei preocupado. Seria como ir a Roma e não ver o papa.

Nada melhor do que um banho de banheira para relaxar. Que tal um restaurante afastado do centro de Pequim? Desde que especializado em carne de pato. Como a recepcionista havia se enganado ao anotar o endereço, o táxi precisou retornar ao hotel, pois de pouco valera balbuciar o nome do lugar. Os taxistas estão condicionados ao "vale o que está escrito".

Ao pôr os pés no restaurante, às 8 da noite, o dono me comunicou que a cozinha tinha acabado de fechar. A cerveja gentilmente oferecida jamais compensaria mais uma chance desperdiçada de comer o pato à Pequim. Nas paredes, reproduções baratas de patos onipresentes na geografia local, de tão reais pareciam quaquarejar. Desesperado, tomei o caminho de volta, sentado na boleia de uma charrete puxada por um ciclista, versão comunista do jinriquixá. Adormeci esfomeado, curtindo a incontornável frustração em torno do pato.

Sonhei com os guerreiros terracota ao não terem perdido seu garbo. Que graça no falar e andar! Que gravidade de porte! Mesmo depois de relegados ao ostracismo do sepultamento, não perderam a compostura dos modos! Sem equilíbrio não há harmonia. Sem se mostrar aberto e perceptível, fecham-se as possibilidades. O tempo que nisto se leva não comporta falsificação.

Deparei-me com a magnificência do Teatro Dinastia Tang, em Xian, feericamente iluminado, o que me induziu a adentrar suas modernas instalações, construídas para 2 mil turistas dispostos a desfrutar um espetáculo folclórico hollywoodiano. Um primor de luxo e grandiosidade, deixando para trás a austeridade típica do regime comunista. Claro está que me esqueci do pato, perdoável traição depois de tantas desditas.

Acordei com um grito que saiu das entranhas: de hoje não passa! Procuro na recepção do hotel uma indicação de restaurante especializado em pato. Solícita, a chinesinha respondeu: aqui mesmo, nesse hotel! Às sete, fui ao seu encalço e dei de cara com o aviso de que só abriria às nove. Não entendi nada: um fecha às oito, outro abre às nove. Assim não dá! Inútil corre-corre, não era um restaurante que tinha cara de ter pato. Acho que a recepcionista quis me fazer de pato.

Como o hotel integrava um gigantesco complexo, vasculhei outros restaurantes até cismar com um que não podia deixar de servir pato. Umas duas ou três mesas ocupadas e o resto vazio me animaram. No entanto, uma mulher que se fazia de *maître* barrou minha progressão no recinto por estar reservado para a comemoração de cem anos do patriarca de uma família. Parecia um complô.

Pus os pés na rua, desarvorado, disposto a interceptar qualquer transeunte que desse uma dica de onde está o pato. Alceei os olhos e as luzes do Teatro Dinastia Tang piscavam: "O pato que você quer está aqui, no restaurante do 2º piso". Não quis nem saber se estava em Xian ou Pequim. Tudo azul na China, se você olhar por onde o astronauta Gagarin observou pela primeira vez.

Sentei-me aliviado: é hoje que vou comer esse pato!

O *maître* pondera:

– O senhor irá comer o pato à Pequim, sozinho?

– Eu não estou esperando mais ninguém.

– Recomendo o pato mais barato, esse é muito caro. O senhor não irá aguentar comer esse pato todo!

– Nãão!!! Vim à China para comer esse pato à moda de Pequim. Eu quero esse pato assim mesmo! Vou comê-lo sozinho!

O *maître* escandalizou-se porque pedira um pato inteiro:

– É suficiente para três pessoas, o senhor não conseguirá comê-lo todo.

Fiel ao padrão de consumo chinês pautado pela parcimônia, começou a me induzir a saborear outra modalidade de pato, sugerindo pato frito. Recusei veementemente, pois viria mais fritura que carne, e eu queria sentir o gosto puro da carne suculenta, ou então do pato assando.

Faltou pouco para dar um murro na mesa a fim de que entendesse que eu iria comer o pato inteiro, a qualquer custo. O letreiro na testa acusava que o tempo iria fechar:

"Puxa, estou tendo dificuldades demais com esse pato!"

Eis que irrompe da cozinha o mestre-cuca a conduzir um carrinho que transportava o pato dos meus sonhos para uma mesa de oito pessoas. Deu vontade de esfregar o pato nas fuças do *maître*, mas foi forçoso reconhecer que o pato era enorme. Não interessa, se sobrar, sobrou. Eu quero é satisfazer o meu desejo. Ademais, a celeuma girava em torno de 10 dólares, o barato do pato.

Daí a pouco, o *maître* me serve lascas de pele de pato num pratinho. O que é que eu vou fazer com isso? Será que é uma amostra? Será que ele notou que estou esfomeado e resolveu me acalmar com uma prova? Mas logo da pele?! Quando se está inseguro sobre como destrinchar uma iguaria esquisita, procura-se socorro na mesa ao lado. Colocavam a pele dentro de panquecas que acompanhavam as lascas, mergulhando-as no molho de soja. Achei aquilo meio sem graça, mas a fome ensina-o a respeitar os hábitos. Comi uma, duas, três panquecas. Basta, resolvi reservar o estômago para o melhor.

Distraí-me ao rascunhar cartas que não remeteria, em que a saudade retira o afeto da camisa de força. Por hora e meia sem que o pato desse sinal de vida. Entre fome e saudade, preferi matar as saudades, esquecendo-me de reclamar. No que me dei conta, o *maitre* teve a audácia de informar que eu já havia acabado de comer o pato à moda de Pequim: panqueca recheada com casca laqueada de pato.

Santa Mãe de Deus, por que certas coisas só acontecem comigo? Nem na China descanso dos que me perseguem. Possuído por um ataque apoplético, causei constrangimento ao *maître* e garçons, cujo extremo zelo, que se faz acompanhar de uma postura tímida, servil e desajeitada, não merecia tal reação. Reação essa motivada pela primeira, segunda, terceira, quarta, quinta e agora sexta tentativa, e nada de comer o pato.

Quando o desejo importuna a gula com requintes que impedem de matar a fome que carrega nas vísceras e nenhuma porta se abre, é hora de tirar para a dança uma carta ao acaso do baralho que o coloque no jogo novamente. Canastra, batida e biriba no pôquer da vida costumam derrotar a luxúria que nos transforma em joguetes, pensando que o prazer deslacra a porta da felicidade.

Claro que não poderiam adivinhar o acúmulo de desencontros desastrosos e que não explodira apenas por estar sendo mal-entendido. Desconcertado, o *maître* se desculpou trazendo-me lascas de carne de pato, misturadas com pimentão, cebola, tomate e molho de soja.

– Mas é esse o pato inteiro que você disse que eu não aguentaria comer?

– O senhor conhecia pato à moda de Pequim?

– Então não quero mais saber desse pato à Pequim. O que eu quero é comer a carne do pato! O senhor entende o que isso significa para mim? Eu quero comer a carne do pato!

Triunfalmente, eis que surge um segundo pato. Será à moda de Pequim? Fatias de carne camufladas por gordura, pele e osso, sem sal. O corte para servir o pato obedece ao método aleatório, sem se dar importância à sua anatomia, diferentemente do talho dos nossos galináceos, que enfatizam as coxas, peito e asas. Vá lá que venha osso, mas fragmento de osso entranhado na carne, escondendo farpas e lascas pontiagudas, é uma cilada para os famintos.

Separar o joio do trigo, ou seja, gordura, pele e osso do que é carne, torna a tarefa de comer penosa, ainda mais sob a marcação cerrada do *maître*, que não media esforços para compensar a sucessão de equívocos e trapalhadas que deram origem à desavença. Sua expressão refletia uma culpa de eu nunca mais voltar à China por causa de um mísero pato.

Ao se desdobrar em escusas e no afã de encontrar um bode expiatório, atribuiu à ausência do mestre-cuca titular o charivari na cozinha.

Foi quando, inesperadamente, uma lasca de osso encravou no meu dente, cujo canal havia acabado de tratar na véspera da viagem. Mal consegui dormir de tanto cutucar o dente com a língua, na ânsia de remover o corpo estranho. Não há nada que nos incomode mais do que algo retido em nós, em nosso coração, na nossa alma... sem falar nos dentes! A ter que empurrar para fora fiapos e farpas que se intrometem conosco, obrigando-nos a arrancá-los, custe o que custar, esfumaçado o desejo.

Tudo por causa do maldito pato com osso. Cortei relações diplomáticas com o pato à moda de Pequim. Logo eu, que amo pato, o prato que mais adoro – mas não gosto de ser o pato. Na cola do pato à Pequim, perdi o dente, a raiz bateu as botas. Não é nada, não é nada, porém de desdentado quero distância – abala a autoestima e me lembra os esquimós largados aos lobos logo que perdiam os dentes e não mais podiam mastigar.

O Espírito das Muralhas

A cerca de 80 km de Pequim, descortina-se o trecho mais concorrido da Grande Muralha. Um milhão de trabalhadores emparedou o império, erguendo muralhas cuja altura corresponde a dois ou três andares e largura suficiente para três cavaleiros cavalgarem lado a lado, construídas ao longo de toda extensão do país, de leste a oeste, numa distância de aproximadamente 6 mil km. Esta concepção, levada ao extremo, na verdade protegeu o costado norte do país.

Obra tão absurda e incrível quanto a das pirâmides. No Brasil daria de sobra para salvaguardar a região amazônica dos piratas que queimam reservas. Foi levantada para se defenderem do ataque dos mongóis, hunos e russos. Contudo, necessitaria que uma grande massa de soldados estivesse disposta defensivamente de fora a fora, o que seria inimaginável. Não se faz ideia do que seja, mesmo se apreciada através de filmes ou gravuras de livros, senão visto com seus próprios olhos.

Muralhas delineiam os limites do que é proibido se ver e ouvir de tudo o que vem de fora, daí ser um traço significante da arquitetura chinesa cercar palácios, templos e até cidades inteiras. Obsessão imemorial dos chineses por encerramento, em manter os estrangeiros longe de suas casas. Figurativamente, elas representam a mentalidade do chinês: conservar-se vivo dentro de seu próprio mundo e de costas para qualquer coisa que viesse de fora.

É a questão existencial dos chineses: abrir e fechar. Ou seja, fechar quando alcançam um grau de poder de se dar ao luxo de escolher o destino que rege sua conduta, sem que ninguém dê palpite sobre o que há por ser feito, sem precisar de quaisquer agentes externos para dirigir ou suprir aquele continente, e se considerando o centro do mundo. E abrir quando chegam à conclusão tardia de que fechar questão é um grande equívoco, ignorando que está para nascer quem possa prescindir da livre negociação, fazendo concessão ao buscar o consenso, segundo a sua ótica, de comprar e vender ideias, de importar e exportar mercadorias, utilidades, benefícios. Arejar-se no tocante ao futuro, senão lhe faltará gás para infundir novos alentos.

Se o que eu tenho é o que você precisa, a troca não garante a satisfação, mas cria a ilusão de valer a pena arriscar de novo – uma promiscuidade que vicia e exige exame periódico da virtude e da ética, de modo a não permitir que a luz do sol o cegue. O caráter moral demanda esculpi-lo sob a ação do tempo, e viver fechada poria fim à própria existência de sua civilização.

Atualmente, demanda, com ponderação, fazer contato com o mundo exterior, aderindo à globalizante ordem econômica que impera. Chegou à conclusão de que patrocinar olimpíadas e maratonas em convívio com outros seres, interagindo com outros países, cai bem, ainda mais se vier acompanhado de hegemonia.

Ao longo dos séculos XIX e XX, a dialética do abre e fecha alternou reiteradamente. Sempre que a China se ensimesmou, era devido ao inconformismo quanto às pressões dos países estrangeiros. Curiosamente, todas as vezes que ela contrai seu útero, surgem convulsões que expõem suas mazelas e obrigam-na a abusar de revoluções para transformar a estrutura de poder.

Uma história profícua de constantes mudanças e adaptações, mesmo quando lutava para preservar certos valores imutáveis. Deste modo, a inacreditável e fascinante construção dessa muralha representa um poderoso libelo de não permitir que se destruíssem seus valores ancestrais.

Se puserdes a mente para trabalhar nos paredões fortificados que vos acompanham nas ondulações dos morros, elevando-se quando as colinas viram montanhas e descendo quando os vales abrem a boca, atravessando rios e fechando passagens, assestados em bastiões a vigiar tudo que os olhos alcançam, mas não sentem, eis que...

Quanto mais você sobe as escadas, parece não ter fim, porque se sucedem interminavelmente lances de escadas e patamares inclinados. Pelo fato de as escadarias da muralha acompanharem a sinuosidade da linha das montanhas, tem uma hora que as escadas descem, descem tão bruscamente conforme subiram.

As escadarias não são tão pronunciadas, mas você sobe e desce tanto que, na terceira vez que está subindo, parece que está só subindo, mas não está, está descendo. Nesse sobe e desce, você sempre pensa que está subindo; descer significa dizer que vai subir daqui a pouco, o que não chega a ser um consolo. É claro que descansa enquanto desce, apesar dos degraus serem estreitos, feitos para pessoas de pés miúdos, a exemplo das pirâmides maias.

Assim sendo, quando você está descendo, na verdade está vivendo a sensação de que em breve irá subir. Não se trata aí de subir no sentido de sentir o alívio e o graças a Deus por estar nas alturas. Mas sim subir no intuito de buscar algo no alto, no céu, no céu onde com minha mãe estarei, lá em cima, até onde nossa mão possa alcançar.

Buscando um caminho, no momento em que está subindo, você sente que quem construiu aquelas escadas também estava empenhado em encontrar alguma resposta, algum significado ou caminho para o céu. Não simplesmente uma brecha para escapar. Uma vez que, mesmo quando desce, você está pensando em subir. Como se fosse possível e permitido ao homem construir escadarias sempre no sentido de subir, de galgar o Céu.

A ideia que você tem quando está subindo a Grande Muralha é que, se pudesse, continuaria a subir, subir, subir e ir mais longe, em direção ao topo do céu, e ir mais além do que qualquer outro homem, nessa imensa escada de sobe e desce que é a vida, essa vida tão difícil. A exemplo de quando você decide entrar num disco voador a caminho de outra galáxia, numa viagem sem retorno para partir de vez desse mundo, embora o medo suplicasse com "não vou". Mas, no fundo, a necessidade do ser humano é entrar no disco voador e subir, sumindo.

O chinês evidenciou bem a sua contradição na construção de uma das mais extraordinárias obras de engenharia, em termos de defesa, proteção e fechamento. A despeito de a obra ter sido executada para se defender, levantar muros representa fechamento, ainda mais nessa grandeza, ou, no mínimo, proteger suas crenças. Se ampliado o alcance da fé, proteger a quem ama, de quem gosta. Proteger o teu mundo, a tua unidade, a identificação, legítimo direito do indivíduo. Caso cruzasse os braços, corria o risco de deixar a morte entrar. Ou você se protege ou morre, porque alguém vai te matar. Inexistem paliativos para retardar a crise existencial – ainda somos muito bárbaros.

Por outro lado, subir escadas provoca impulsos de romper com tudo que se encontrava fechado a sete chaves, abrir sua mente, seu corpo, sua alma, sua espiritualidade, porque na medida em que sobe, ou mesmo quando desce e quer subir, você está indo em direção ao céu, ao cume, onde lá estará o Deus que escolheu, qualquer que seja, de braços abertos para acolhê-lo. Ou outra existência, melhor do que a que está levando aqui embaixo. Ou uma vida muito melhor, que dizem aqui não existir. Você sonhou com uma boa vida e, por baixo, não a teve. Mas se lhe disserem que existe uma vida melhor lá em cima, logo irá querer subir as escadas.

O olhar fixo no firmamento quando se sobe as escadas da Muralha da China também se encontra cravado nos contemporâneos guerreiros terracota em Xian, cujo perfil denuncia que estão procurando explicações para coisas que não entendem por que acontecem com eles, com seu povo, sua terra, sua família. Nessa época, ainda não tinham se voltado para dentro de si, a Natureza era a Mãe Grande que aconselhava e tinha resposta para tudo.

Abre e Fecha ao estilo do *Yin Yang*

Sob os acordes da Internacional Socialista assoviada pelo taxista, desperto para a arte incomparável dos jardins da China. É a destilação de uma paisagem idealizada, desenhada de modo a refletir a majestade da natureza e criar a sensação de paz. Devem ser vistos tal como se desenrola um pergaminho, pouco a pouco, até desembocar em pontos pitorescos, propiciando uma sensação de surpresa; e surpresas fazem parte da arquitetura do jardim. Você jamais sabe o que o espera em cada canto ou curva.

O olho da Muralha se desvia para os jardins, atraído por lagos tranquilos, árvores em miniaturas, grutas e colinas artificiais. E para acrescentar um elemento humano, pavilhões e pontes que ziguezagueiam, para espantar os maus espíritos, aqui e acolá. Também aparecem, com destaque, conjuntos de pedras misticamente combinadas, ressaltando que o jardim é resultante do gosto, da vocação, da essência da alma do chinês em intervir nele e desenhar seu espírito. O jardim é o espírito do chinês, mesmo nos grandes parques, cujo *design* não guarda paralelo com o do mundo ocidental.

Marco Polo nada comenta após ouvir minha experiência com a Muralha da China. Desde os guerreiros terracota de Xian, enterrara-se no mutismo. Resolvi crivá-lo de perguntas a fim de quebrar seu silêncio. Recorreu a Heródoto.

Heródoto não esteve em todos os recantos que descreveu, mal distinguindo o real do fantástico. O que importa se a imaginação é que transmite o espírito que voa, por sobre o conjunto de detalhes, presos ao elemento terra. Mal me pronunciei sobre a Muralha da China durante seu relato. Ninguém iria acreditar mesmo! Quem sabe se agora suas impressões entrarão por um ouvido e não sairão pelo outro? No meu tempo, pensariam ser invencionices de um viajante embasbacado.

– Na terra onde se inventou o papel e a palavra escrita era mais venerada do que em qualquer outro lugar, também causou estranheza nenhuma referência à escrita chinesa, um dos elementos mais exóticos e diferentes da China, que assombrou os próprios mongóis.

Estranho aos escribas, escrevinhadores de Bíblia, escrivães, tabeliães...

– Mas Marco Polo fazia parte da burocracia do império.

Era apenas um contador de histórias iletrado.

– É, corre o mundo a inveja de mercadores aventureiros.

Com seu poder inventivo, a China erigiu-se como um império de cultura e arte ao tempo em que a Europa ainda estava imersa no obscurantismo do ocaso do império romano.

Está no sangue do povo chinês a cultura de utilizar sinais que reproduzem objetos da realidade para representar ideias, o que os estimulou a criar o papel e a se tornarem pioneiros na impressão de livros. Cedo dispôs da energia do calor, soube usar o fogo obtido das "pedras pretas", o carvão, já aproveitado 2 mil anos antes de Marco Polo. O secular lhes confere a sabedoria realista que não engendra utopias.

O constante exercício do saber ativa a inteligência e cristaliza a cultura, aumentando o grau de confiança no berço de sua civilização. Gerando crédito no uso do dinheiro em cédulas de papel que substituíram as moedas, cujo poder de compra era lastreado pelo valor real do metal. O papel-moeda foi uma evolução das notas promissórias impressas no século IX para substituir as pesadas moedas de bronze ou os grandes lingotes de ouro ou prata, adotado apenas em 1690 na América e em 1797 na Inglaterra.

– Com toda essa agudeza de percepção, por que a China se permitiu descer a tanto? Para que ela inventou a pólvora? Para ficar brincando de soltar fogos de artifício? Quando os europeus tomaram conhecimento da pólvora, imediatamente transformaram-na em explosivo para uso bélico...

Das margens plácidas passou-se a ouvir disparos de canhões de bronze. Bronze que a Europa só haveria de conhecer dezoito séculos depois que a China já o utilizava para outros fins.

– Amargo o destino reservado aos chineses: transmitirem sua inteligência e engenhosidade, entregando-lhes de bandeja o carvão, a pólvora e o bronze para que canhões assegurassem à Inglaterra o domínio dos sete mares no século XIX, e num abrir e fechar de olhos pulverizar a armada chinesa.

Não estamos livres de alienígenas, em estágio superior de evolução, aqui desembarcarem, trazidos por uma chuva de meteoros, e se assenhorearem de nossa cultura fechando um ciclo de vocação para atrasos. Diante do inevitável que é a guerra, face ao mistério que cerca a natureza humana, somos assim inatos ou mera reprodução de estereótipos ao desistirmos de nos indignar e quedarmos cínicos?

– Somente Marco Polo poderia responder a essa pergunta. Desacreditado em sua própria terra, posta em dúvida a existência de suas histórias, por que haveria de ser testemunha do assenhoreamento da China por um bando de exímios cavaleiros que tornaram os mongóis paradigmas de guerreiros e coragem militar?

Marco Polo não era serviçal de Kublai Khan, mas estava a seu serviço, a fim de criar uma rota de comércio com os reinos de Veneza e Bizâncio. A visão dos europeus a respeito do Oriente era de uma terra pagã e remota. Jamais conceberiam que era muito mais vasta do que o mundo restrito da Europa, muito mais populosa, chique e sofisticada. Sofisticada a Europa pode ter sido, séculos depois da Idade Média, porém nunca chegou aos pés da civilização chinesa. Marco Polo admirou-se com a riqueza filosófica de suas tradições culturais, a capacidade de trabalho do povo, a força de seus soberanos e sua eficiência burocrática. Descobriu que a China, sozinha, sem que sua identidade ficasse ameaçada por invasões, domínio estrangeiro e rupturas internas, estava construindo um trajeto histórico extenso e único, profícuo em legados à humanidade.

– O que deve ser ressaltado na longa história da China e faz a diferença, é o fato de eles terem considerado sua terra como o centro do Universo e a crença inabalável do povo no imperador, filho do céu, do paraíso. De olho no próprio umbigo, se viram como o Império do Meio, o centro do mundo civilizado, atraindo o olhar cobiçoso do forasteiro, ensandecido por espalhar açúcar e ver as formiguinhas às tontas.

Você deve estar se referindo ao etnocentrismo, tendência acionada por um gatilho mental que julga o outro, oriundo de nação, estado ou cidade, por si, segundo regras e normas da cultura em que você foi criado, padrão para todas as demais. Sem ao menos se interessar em perscrutar o destino da alma que veio de longe e devassar seu mistério.

– O que há por trás dessa xenofobia?

Yin, quando Lao Tsé profetiza: "Conheço todo o Universo sem sair de minha casa". E *Yang*, numa leitura equivocada do taoísmo que encara o Universo como igual a eles ou inseparável deles mesmos. Em 300 anos, não haverá mais dominador nem hegemonia – o ser humano, por se mostrar sanguinário e avassalador, enfraqueceu-se por dentro, espiritualmente. Se não unir os cacos que lhe resta, se transformará em granito poroso, tal como um vulcão que envelhece. Não irá sobrar um descendente para contar a história deste planeta, que recupere a memória dos erros grosseiros decorrentes do etnocentrismo, de se achar divino, único e de autopreservar-se sob a forma de pedra e concreto em esculturas frias e perfeitas.

– Acho ser esse o momento ideal para eliminarmos as diferenças que nos separam. Oriente e Ocidente têm que parar de se olharem, se examinando um ao outro como se estivéssemos num jardim zoológico. Ainda não somos animais em extinção.

Na dinastia Qing, os chineses que iam para o estrangeiro com o propósito de comercializar, ou por puro diletantismo, eram considerados como tendo abandonado o próprio país. A China nunca teve a ousadia dos europeus em explorar os mares, atada aos limites da terra e dependente das inúmeras possibilidades que o solo oferece, embora situada de frente para o oceano.

– Seu tamanho e cinco milênios de História não lhe são suficientes para continuar a deglutir e incorporar invasores, conforme assimilaram culturalmente mongóis e manchus.

A China sempre viveu sob a pressão do ora abrir, ora fechar. No século XX, sofreu sucessivos abalos, convulsões, reviravoltas, expurgos e transformações que repercutiram na identidade de seu povo, como nenhuma outra nação experimentou em igual período, nem mesmo a União Soviética, a Alemanha de Hitler e o Japão de Hiroshima.

Nos primeiros vinte anos, a Rebelião Boxer, a queda do império e o nascimento de uma república que já nasceu velha, em meio à 1ª Guerra Mundial. Nos anos 30 e 40, desenrolou-se uma guerra civil violentíssima, concomitante com a ocupação do país pelo Japão, antecipando a 2ª Guerra Mundial, que culminou com a sagração do regime comunista. O enraizamento do comunismo agravou o fechamento nas décadas de 50 e 60 com o Grande Salto à Frente e a Revolução Cultural, acirrando os ânimos da Guerra Fria.

A partir da década de 80, o desabastecimento sumiu com as mercadorias das prateleiras e derrubou os dogmas que cerceavam a estrutura de produção. Depois de 30 anos de ditadura do proletariado, o espectro da fome não podia voltar a ameaçá-los. De mais a mais, as nações do Primeiro Mundo começavam a edificar o seleto bloco dos ricos e estreitar a globalização na nascente. A arquitetura da hegemonia já pincelava os *franchise* e internet que iriam pra lá de homogeneizar o planeta. A China teria que abrir mais uma vez, não cabia resistir estoicamente à pasteurização, ser pastel não era a solução.

O único empecilho era Mao. Havia que purgar, sem maiores remorsos, o fato de a China ter se isolado do mundo e da realidade, sem mais ser o centro do Universo nem deter o mandato divino, ficando fechada grande parte do século XX. Havia que superar inteiramente a desconfiança em relação aos demônios estrangeiros que a humilharam e a saquearam impiedosamente nos últimos 150 anos. Havia que jogar pingue-pongue com o tigre de papel.

O abre e fecha na China, no todo, constituiu-se de manifestações, irrupções, confrontos, guerras, execuções em massa e inundações, uma reação necessária aos incontáveis anos de espoliação estrangeira, de anarquia e de extrema pobreza no crepúsculo imperial. As dinastias se sucediam e as revoluções sepultavam-nas. No que a dinastia era ungida, já se conspirava para anular os esforços em torno da concórdia que elevou ao trono o mandarim consensual.

Roíam a corda para tornar a pôr a corda no pescoço e, na corda bamba, alimentar pretensões, dar corda ao caráter tribal com que nos organizamos, ainda hoje, em patotas, grupelhos, panelinhas, a despeito do voto secreto e soberano nas eleições.

De caráter *Yin* e *Yang*, cada bloco político se encontra intimamente vinculado ao polo oposto através de uma cadeia de fatos que o origina, desenrola e consolida situação e oposição concebidas no mesmo eixo. Tudo gira em torno da política, no movimento de translação a que estamos sujeitos. Apenas em casos excepcionais ocorre a dispersão do situacionismo, face ao estado de podridão alcançado. Já não tão rara no oposicionismo, face à falta de coesão do universo a que é dirigido, e por ainda não ter peso específico, em condições normais de temperatura e pressão, para vir à superfície, ganhar visibilidade e assumir suas consequências, não mais afundando na autoestima.

Através do mais taoísta de todos os caminhos, encadeado como o fluxo e o refluxo da maré, ora és rebaixado, expurgado, renegado, condenado, arruinado, ora és procurado, chamado a prestar colaboração, és reconhecido, todos querem te ouvir.

Pelo mesmo cipó onde se escorrega rapidamente do bem para o mal, lentamente, através do perdão, procura-se reconquistar a posição perdida, alimentando a sagrada esperança de projetar-se para além de todos os opostos concebíveis, fator fundamental para se alcançar a iluminação e transcender a uma outra escala de referências e valores a que estamos circunscritos, em que o signo não mais influenciará seu destino e caráter.

– Causando estranheza. Não mais sendo reconhecidos pela maioria silenciosa habituada ao perfil caricato e dissimulado que construímos em torno de nós mesmos, fadados que somos a carregar nas costas essa família fictícia para todo santo lugar que vamos.

A história da China dramatiza o dilema hamletiano: abrir ou fechar? Se traçarmos um paralelo com nossas vidas particulares, ora você deseja manter-se em casa, resguardado por uma mata cerrada, no tempo das cavernas como um eremita, sem absolutamente ninguém incomodar, não sujeito ou disponível a ser invadido por questionamentos, convites pueris e esbarrões fortuitos. Você sente que não captam o sentido de suas palavras, forçoso um basta para saber o que há por detrás do murmúrio e por baixo do pano. Porque estamos em litígio com o oriente próximo, médio e extremo – onde o sol nasce.

Ora você precisa pôr violetas na janela, abrir-se como uma flor em botão, ver o que há de novo, sair da toca, correr atrás, participar. Desabotoar a camisa, mostrar-se expansivo e abrir o peito, para tornar a se envolver e trocar juras de amor, fazendo as pazes com os ilustres desconhecidos que elegeu como bodes expiatórios. Nessas ocasiões, embora não peça para ser convidado, implora para que alguém o acompanhe, pois não sabe fazer mais nada sozinho.

É de bom alvitre que estejamos antenados para acolher estímulos que vêm do céu, pois é aqui na terra que essa energia se materializa e cria, valendo-se de tendências mutantes que ressoam além do eco, já que tudo se desenvolve, ramifica e se consolida na busca do paraíso etéreo, robustecendo tanto que pode passar do ponto e cair na rigidez que acarreta o inevitável declínio.

Tao nos segreda que a felicidade não pode refrear o ritmo de mudanças que emborcam e precipitam a pureza da água tonitruante sobre as pedras em limo, o fragor de cachoeiras que quebram o curso do rio, restabelecendo a coesão em que o mundo volta a ser uno.

Se tentarmos ir num pé e voltar no outro, encontraremos a chave que correlaciona o movimento de abre e fecha com mudança e permanência, respectivamente. A pedrinha no sapato te obriga a se mexer, a sair do lugar em que se encontra, a mudar para onde todos apontam em contrário, e acreditar no sonho do vagabundo chapliniano. A busca pela permanência é uma questão de ordem da espiritualidade, pois se os grãos de areia escoam rapidamente pela ampulheta, o gênio da lâmpada mantém-se vivo engarrafado, a postos para realizar seus desejos, se estiver familiarizado e à vontade com os espíritos que aqui permanecem e nos volteiam.

Em se plantando tudo nasce, cresce, dá frutos, a natureza seca, inunda, destrói, transforma em pó o que o homem plantou, e o desafia a plantar de novo. São partes de um todo que podem se encaixar no eixo do movimento entre dois polos: mudança *versus* permanência, ou melhor, *Yang* complementando *Yin*, conciliando anseios de solidez, continuidade e constância, com a energia efervescente que ofende a passividade do sujeito que se julga estável, moderado e conciliador. De tendência inata e espontânea, conforme a verdadeira natureza de cada indivíduo, de acordo com suas convicções, essa energia redime camaleões e restabelece o cálido da alma no Reino dos Homens, afugentando seu julgamento frio e agnóstico.

– Julgamento que só leva fé naquilo que pode ser comprovado. Zombam de que tenha de existir um criador para mundo tão lindo cujo Universo obedece a mecanismos sutilmente engendrados. Partem do pressuposto de que, se o ser humano é um bicho que se senta em torno da fogueira para contar histórias desde o tempo das cavernas, então é porque crenças simplórias podem levá-lo a acreditar em tudo.

Acreditam em Deus como um problema insolúvel, conformando-se e cruzando os braços diante de tamanho deus. Os ex-cristãos, especialmente, criados sob o terror do céu, inferno e purgatório, não conseguem superar o medo da morte, encarando-a de revés a troçar de espíritos e do poder da fé que cura doenças.

– Nem sempre há motivos ou explicações para tudo o que queremos. Por que você nunca permite que eu o abrace como a um irmão? Por vezes, parece o irmão que eu nunca tive.

Quer dizer, o irmão que você perdeu. Esse é o único desejo que não poderia realizar.

– Desejo? Realizar?

Acho que falei demais...

– Mas, quem é você afinal?

Minha missão é ajudar todo viajante a chegar a seu destino, aonde ele precisa chegar.

CALIFÓRNIA

Espírito desbravador

O espírito de desbravador sai de mim e avança para defrontar-se com o inesperado, diante de um povo ameaçado de ser tragado pelo *Big One*, o anunciado terremoto que irá destruir a Califórnia.

O espírito desbravador é um coral que entoa diversos cantos que se desenrolam independentemente, sem ferir a sintonia do conjunto, para descobrir qual é a carta a se tirar do baralho que definirá seu rumo. É bravo por ser destemido e fica bravo quando ousam desviá-lo do rumo verdadeiro, justamente porque, ao vencer o Mar das Tormentas, transpõe a negação em caráter pessoal e a negatividade em caráter ambiental.

Transpõe a negação do mais puro e absoluto estado de baixo-astral em que o amigo-urso o reduz a zero, rabisca um "x" em sua cara, senão borrando sua fachada, ignorando e desconsiderando quem você é e o que faz, apenas relevando o que representa, que é o que importa para ele, geralmente defasado no tempo e no espaço.

Transpõe a negatividade em que a inveja campeia tentando retê-lo e impedir de seguir seu caminho, na mais absoluta leviandade desses ditos-cujos que não descobriram seu próprio norte por não terem começado a escavar a tempo, ou simplesmente ambicionarem abocanhar o que é seu, sem um pingo de escrúpulo, racionalizando que um tesouro de tamanha magnitude estará em melhores mãos.

Pecado mortal cujo castigo os deuses gregos já haviam imposto a seu conterrâneo Sísifo, condenado a empurrar, sem descanso, um rochedo até o cume de uma montanha, de onde a pedra despencava em consequência de seu peso resvalando para esse mundo inferior, sendo necessário empurrá-la de volta. Labuta infinitamente recomeçada por quem guarda desprezo pela natureza divina e cultiva ódio à morte. Sua paixão pela vida inútil, de sequer recomeçar com o esvair do tempo, lhe confere o suplício indizível de seu exercer se empregar em nada terminar.

Os mitos são feitos para que a imaginação os anime, dizia Albert Camus, não há consumição pior do que o trabalho inútil e sem esperança. A exigir que o esoterismo seja um livro aberto.

O esoterismo abrange um vasto conjunto de doutrinas práticas e ensinamentos de teor espiritualista, em que se combinam influências de religiões orientais e ciências ocultas, associadas a técnicas terapêuticas que mobilizam energias provenientes da ciência ilógica e que visam iniciar o indivíduo nos caminhos do autoconhecimento, da paz espiritual, de gerir a saúde com sabedoria, até o ingresso no sono mais profundo.

Os esotéricos dizem que para a gente ser feliz tem que se esquecer do passado, tem que se abandonar o passado. Quanto mais deixamos o passado no passado, mais estaremos livres. Caso contrário, seremos alvo da paralisia provocada pelo muro das lamentações que se ergue à nossa frente e a todo instante.

O valor do passado está vinculado ao rastro de experiências que ele vai deixando. Em vez de ficar amargurado com os sucessivos casamentos, divórcios e amantes, desencantos com família e amigos, e insucessos profissionais, você deve procurar subtrair alguma experiência de tudo que lhe acontece. Não pense mais no afago que o feriu, esse afago não existe mais. Se conseguir digerir as tragédias do cotidiano e for deixando o tempo passar, poderá ter uma bela surpresa ao constatar que as decepções se transformaram em uma calmaria e restou uma sensação suave, até gostosa, de como você é capaz de refazer tudo, de amar de novo.

Somos felizes na medida em que sabemos atacar o sofrimento.

Por outro lado, ficar pensando sobre o que vai acontecer no futuro, debruçado sobre uma janela, com os olhos voltados para o céu, pode originar um medo imobilizador que irá cortar o caminho de busca, tornando-o escravo do temor que fatalmente acompanhará o estar por vir. Libertar-se do futuro é afugentar o temor, o temor pelas desgraças, azares, imprevistos, que não podem acontecer logo comigo!

Mas se você luta, tem interesse em correr atrás de algo, um potencial de guerreiro em dar um grande sentido à sua vida, o que Deus tirar de uma de suas mãos será reposto na outra quando menos esperar. Não reclame se não vier a tempo e a hora, pois você não é Deus para controlar a ordem dos eventos.

Contraditoriamente, ao nos libertarmos do temor do futuro e nos desvincularmos do passado, tendemos a ir com muita sede ao pote e, ao sermos velozes, acabamos não analisando, não refletindo, não sentindo, esquecendo-nos de nós mesmos. Talvez para não ter que ficar lembrando de coisas que incomodam tanto a nossa vida, e para não entrar em contato com o que pretendemos e queremos de verdade. Se permitirmos que o ritmo frenético de nossa época nos conduza ao sabor de seus espasmos, podemos até agir de uma forma que não tem nada a ver conosco.

A alternativa seria uma lentidão necessária para não aceitar provocações dos que querem combater seu ideal sempre vivo, para não deixar isso virar uma guerra que o coloque na defensiva, evitando a confrontação. Manter-se calado nem sempre é cinismo.

O homem sábio, já dizia Epicuro, não procura nenhuma atividade ligada à luta. Para que gastar energia com quem não vale a pena? Aonde queremos chegar com esse tipo de vida em que brigar com os outros é uma constante? Estamos sempre a inventar monstros para guerrear e matar. Duelo, competição, vingança, violência, mal-estar, pesadelo, pura rotina, é por aí que é a sua vida? Será que não há tempo, espaço e clima para que a alma se aperceba do que é pequeno?

Sim, sofremos muito para tentar escapar de uma vida sem significado e de não sermos os predestinados e os eleitos. À espera de que a madrasta sorte bata à porta e o escolha para elevá-lo à categoria de ser amado – tão raro presente caído dos céus quanto julgamos imerecido ao bater na madeira para dar sorte.

Cresci sob o signo de não aceitarem meu crescimento, mantendo uma distância abissal do conformismo, papel de embrulho de uma vida sem significado, recheada de indiferença que atiça desqualificados a meter o bedelho.

A questão não é querer ou não querer ter filho. Não é bem ter filho, é de ter ou não uma criança presente em sua vida, que cresce a olhos vistos no contexto do verdadeiro casamento indissolúvel. Porque filho é uma questão de, se você quer ter, que tenha, o problema é seu. Agora, se você não quer de verdade, é de bom-tom que não tenha mesmo, porque se não estiver preparado para a convivência, a rejeição ficará plasmada na retina infantil.

Cresci ouvindo de minha mãe: "Só gosto de criança até os 3 anos porque elas são umas gracinhas, tão puras e ingênuas, ainda não pensam para dizer coisas malcriadas e grosseiras, comuns em crianças que crescem se especializando na malícia para magoar os pais. Se pudesse, no aniversário de três anos, eu a entregava e pegava um recém-nascido para começar tudo de novo".

De que adianta ter um filho para sentir calafrios com o seu crescer e pensar que a cada dia escapa de seu controle, a tal ponto de maquinar pesada interferência no destino de espíritos livres? Querem criar filhos conformados e aptos a aceitar a indiferença dos outros.

Próprio de quem não quer e não aceita o crescimento de outrem.

Cresci ouvindo de meu pai: "Só gosto de criança na adolescência, mesmo assim quando já pode tomar conta de seu nariz e, portanto, não é mais criança, já é adulto. Quando não enche mais a paciência dos pais, lembrando-lhes sempre os erros cometidos na sua educação. Nenhum pai suporta filho buzinando nos ouvidos suas omissões. É mortal a obrigação de pai e mãe estarem sempre presentes a fim de que não produzam um desajustado. É uma navalha na carótida lembrando a todo momento esse encargo para o resto da vida, mesmo porque o insensato pode gerar netos. Quando o adolescente deixa de ser criança, abandonando suas esquisitices e extravagâncias com seus ataques de querer saber tudo, e conquista autoestima para ganhar autonomia de voo na defesa de seus pontos de vista, passa a ser um interlocutor à altura".

Portanto, o ideal é o filho se transformar, o quanto antes, num adulto do seu tope, para não ter que aturar tolices de criança. Não querem aguentar a chatice de criarem filhos, querem-nos prontos, iguais a eles.

Projeto de quem não quer e não aceita o crescimento de outrem.

Atraindo terremotos que ocorrem por se abrirem falhas geológicas nas estruturas de famílias que entram em processo falimentar e vergam prédios bem construídos sob o peso da artrose das fundações, geralmente atacando cidades inteiras que adormecem engolfadas no cansaço tumular. Os violentos tremores põem-nos a tentar fugir das quatro paredes e tragados somos por nossas falhas, senão esmagados e enterrados.

Maldições existem, nem que levem 500 anos para se cumprirem, assim falou Montezuma. Os efeitos do *Big One* se farão sentir a insondáveis milhas do epicentro, de nada adiantando os mexicanos sonharem em inglês com a Califórnia, que lá serão alcançados. Uma ilha de igual extensão à do terremoto se formará e conquistará a independência do continente.

O chão se abrirá em fenda e dos encanamentos rompidos brotará água contaminada, gás e esgoto. Autoestradas entrarão em colapso, viadutos avariados forçarão a sua interrupção. Faíscas se desprenderão em protesto contra o corte no fluxo da energia. Onde ela é brecada, perdem-se vidas. Uma sequência de milhares de pequenos sismos causará devastação em vales e montanhas ainda não atingidos, onde se acreditava reinar consistência e preparo irradiando eficiência.

Não mais que de repente, todos nós podemos nos encontrar em meio a uma vertigem, como se estivéssemos sendo rebobinados, sobrevindo o enjoo da oscilação com que a terra nos cambaleia, o solo começa a ceder e deslizar pouco a pouco debaixo de nossos pés – impossível manter-se bípede.

A espada de Dâmocles parte a minha cabeça ao meio, entre o rugido do terremoto que arrebenta os tímpanos e a visão delirante dos arranha-céus esmigalhados como um biscoito na mão de um capetinha. Para que lado correr? Rezar, chorar ou suplicar clemência a Deus, essa é a questão, no fim do mundo.

O aziago prenúncio que atingirá a Califórnia me atormenta, janelas e vitrines refletem labaredas, nuvens negras cruzam os tetos. O estalido da madeira consumida distingue a brasa como a joia perdida da Coroa. Cheiro de fritura no ar abafado onde se lê símbolos químicos anunciando os gases que compõem o inferno. O vertiginoso estrondo que vem do fundo da terra nada mais é do que uma besta alada que cospe marimbondo quando, com as entranhas, uiva em tom forte e grave.

O medo terrível de bicho-papão levou-me a despencar pelo fosso do elevador quando o chamei. Pareceu-me que havia chegado ao abrir a porta e olhar para trás no último adeus aos amigos no corredor. Entrei com tudo, sem olhar para o chão. Quando pus o pé, não havia nada.

A ausência de chão embaralha os sentidos. Custei a me dar conta de que estava em queda livre e mergulhando na sensação de vazio. Tentei agarrar os cabos de aço, mas a graxa fez as mãos deslizarem, queimando-as, enquanto os braços avisavam que iriam desgrudar do corpo e o coração deixar de bater.

Choquei-me com o teto do elevador parado no térreo. Gemi de horror só de acompanhar a dor percorrer o desvio na coluna na sequência de braço, perna e bacia quebrados, terminando nas mãos fumegantes, em carne viva. Minto. Choquei-me contra o solo e entendi a dor de um vaso de porcelana quando se quebra em mil pedaços. Imagine se soubesse que havia perdido na queda minhas impressões digitais!

Perdi contato com a realidade numa sucessão interminável de imagens radicalmente enlouquecedoras que consumiam meus neurônios ao projetarem o pique do meu afastamento de crenças diversas, liturgia da missa, seitas, cultos de possessão de espíritos, cerimonial de martírios associados a promessas e ramadãs desintoxicantes. Credos e rituais que tentam arrancar o homem da teimosia em pensar que ele é pura filosofia, ao descrer do todo indivisível do qual fazemos parte e somos protagonistas, cujas dores expressamos através de um emaranhado de compartimentos e componentes distintos que se intercomunicam fisiologicamente e psicologicamente, como uma coisa só. A despeito da atual medicina alopata que se especializou em especialistas.

Apercebi-me na queda de que o gnosticismo se cria no fruto da experiência interior, extraída do conhecimento revelado que se manifesta nas mais estranhas dimensões oníricas de inspiração divina, entrando em contato com capacidades desconhecidas da percepção, que estão dentro de si, chamadas de conhecimento secreto. O gnóstico adquire conhecimento por experiência direta, conciliando todas as religiões no que elas têm de mais profundo, operando a redenção do mal ao distinguir maligno do benigno.

Se não consegues encontrar em ti a porta de teu tesouro, estás a não reconhecer o calor da casa que te abriga e acolhe a mesma crença, quão pretensioso és ao investigar os enigmas do Universo em busca de outras excelências. Não precisa ser discípulo de ninguém – aprende as coisas fazendo, botando a mão na massa, desapegando de tudo e de todos.

Sócrates morreu feliz defendendo suas ideias, por não ser dependente do sistema da época – está para nascer uma revolução que elimine todos os tratamentos iníquos do sistema em que a alma humana se encontra aprisionada. Apesar de famosa pela liberdade de expressão, Atenas condenou Sócrates à morte ingerindo cicuta por ele exercer o direito de se expressar livremente, pervertendo os jovens com ideias subversivas ao atacar os fundamentos da democracia ateniense. Foi o primeiro mártir da liberdade de pensamento. Era um espírito avançado com a missão de trazer à Terra verdades cruciais que perduram até hoje. Se a morte dissolvesse o homem por completo, corpo, alma e vícios, que grande vantagem seria para o Mal! Entretanto, o espírito vivo de Sócrates saiu vitorioso.

Desacelerar o desfolhar de imagens suavizava a queda livre desse sonâmbulo a que fui reduzido. Amparado por uma floresta de lençóis e tapetes que me levaram a escorregar pelo tobogã da fortuna, o impulso avassalador de explorador vai de encontro a um mentor espiritual que acolha meus anseios, preocupações e tensões emocionais, realce facetas positivas de escolhas postas em prática à minha retaguarda, limitando-se a facilitar a adoção de um destino desvinculado do que todos imaginam ser o ideal para mim.

Mentor que não seja maestro, não reja, intervenha nem doutrine, inspirando confiança ao emitir notas de uma canção que louve um mundo zen, leve, alegre, amistoso, culto, antidiscriminatório, liberto de padrões estabelecidos, de alma como a cidade de São Francisco que aceita toda sorte de diversidade.

Estamos falando do pastor Cecil Williams e de sua Igreja, a Glide Memorial United Methodist Church, situada na esquina da Ellis com Taylor Street, em pleno Tenderloin, no centro de São Francisco, a melhor cidade americana para se morar, avaliada pelos indicadores de qualidade de vida, em meio a luxuosos hotéis e o delirante comércio da Union Square.

Lá também se convive com violência, sem-teto, prostituição, crime, loucura, fome, bêbados, viciados, tráfico de drogas, abuso sexual. Neste contexto, Glide é como um oásis, uma grande família, que aceita incondicionalmente pessoas de todas as idades, raças, classes, crenças, religiões, culturas, opções sexuais, celebrando a diversidade. Todos são acolhidos para se recuperar não só da química de seus vícios, mas, sobretudo, para tratar das causas, entre as quais se incluem racismo, pobreza, incesto, estupro, violência, rejeição, enfim, todos que se sentem acuados.

A Glide empenha-se em alcançar a democracia racial, estimulando asiáticos, hispânicos, caucasianos, americanos que procedem da África, bem como os não estrangeiros nativos da terra, a formarem uma comunidade e a celebrarem a vida na diversidade. Ao se sentirem livres, essas pessoas se aproximam e se juntam porque todas são incondicionalmente aceitas, não importa de onde venham.

É a prova viva de que a cultura consumista globalizante começa a purgar a culpa de matar de fome, anualmente, o mesmo número de mortos da 2ª Guerra Mundial. A globalização impede que se lavem as mãos com a consciência em Pilatos, a hegemonia impõe que se impute a culpa em quem detenha o cetro de dono do mundo.

Gastamos em vão nossas energias ao longo da vida experimentando mais os sentimentos de culpa, o pão nosso de cada dia pelo que fizemos de mal ou de errado, embora acobertados pelo álibi da não intenção. Custa caro violar os mitos da bondade, honestidade, altruísmo e tudo que exalte o maniqueísmo em torno do que é bom e mau, pautado no mais belo de todos os códigos de ética, o da criança. Somos condicionados ao como posso conseguir o perdão pelos meus atos, ao medo do castigo e de não se sentir perdoado. Para evitar a degola, guiamos a justiça pela fé cega em Deus, por realizar a boa obra para se redimir, um contínuo arrependimento para – quem sabe – mudar o passado que condena.

Sou conduzido para a igreja de Cecil Williams, debatendo-me contra uma surpreendente nevasca de Páscoa, que tornou noite o dia. Uma espessa e profunda escuridão afoga o caos que tentava se exibir através de rodamoinhos que não distinguem longínquo de próximo, no vão propósito de manter-me acorrentado ao primordial do caos – que nem Prometeu.

Mal enxergando vultos e silhuetas, uma centelha sobe de dentro de mim, como se fora um palito de fósforo riscado. Contraio os dois braços para conservar a luz e o calor que deram contorno ao meu corpo, quando me deparo com uma velha foto desbotada em preto e branco. Um bêbado trajado de fraque esfarrapado, sorvendo goladas de uísque envolto num saco pardo, que recusa, com petulância, minhas luvas frente às suas mãos nuas e geladas, sibilando com voz de mensageiro da Morte:

– Você sabe que nós vamos morrer, querendo ou não, não sabe?

– Sei. Todos sabem.

– O jeito é viver como se não soubéssemos. Você concorda?

– Pode ser

– Para mim, é impossível levar uma vida normal, não consigo conviver com a mortalidade bem acomodada. Acho que a única saída é o suicídio.

– Matá-lo primeiro, francamente, me parece uma forma de colaboracionismo. Temos que negociar com a morte o tempo todo, como se negocia um armistício.

– Mas eu exijo um tratamento digno se tiver de reconhecer sua vitória e seu domínio.

– É o direito de todo prisioneiro.

– A única maneira de tratar a morte é nos seus próprios termos: ignorá-la e tentar viver como se ela não existisse.

– Ou matá-la com um tiro certeiro na testa. Mas não se pode racionalizar com a morte. A morte está além de qualquer racionalização. Ela não tem nenhum acordo para oferecer, nenhuma saída, nenhum meio-termo. Nem mesmo uma explicação para nos dar quando despacha sem pedir licença.

– Além do mais, negociar com a morte significa reduzir toda a vida a um pedido de clemência, todo diálogo a uma troca de lamúrias, tudo por uma causa perdida desde o começo.

– Com licença, eu vou entrar na igreja.

Aversão aos rituais

Cecil Williams me recebe na porta da igreja com um sorriso aberto.

– Volto a pôr os pés numa igreja depois de expulso aos 14 anos de idade por não aguentar um sermão monótono sobre a obrigação de perdoar os outros. Saí revoltado com o padre e com aversão a rituais.

Eu absolutamente estava interessado nesta difícil matéria na adolescência, mesmo porque os marmanjos ameaçavam a toda hora de me dar uma bofetada daquelas que estalam – e cara que mamãe beijou, vagabundo nenhum põe a mão! A vara de marmelo era o justo prêmio a travessuras criativas e a pimenta na boca para silenciar os palavrões deixou de ser castigo quando assimilei o exótico gosto da malagueta, liberando-me para outros palavrões desconhecidos.

– Seja bem-vindo, meu caro. Qual é a sua religião?

– O diabo é que, pelo lado materno, fui criado conforme a moral católica apostólica romana – prestes a gerar a Teologia da Libertação –, tomando bênção de pai e avô. Tendo que rezar de joelhos antes de dormir, pedindo perdão pelos meus pecados.

Após brincar de médico ou de pera, uva e maçã. Ameaçado pela ideia de ter nascido pagão. Original, o pecado. A reprovação delineando o caráter. Punido pelas penitências. Catequese, a salvação. Último adeus à idade da inocência.

– Pelo lado paterno, fui criado segundo o severo silêncio do espiritismo kardecista, onde muito riso é pouco siso. Reservados, a ponto de não revelarem seus sentimentos ou intenções. Sem impor que existe vida além da morte. Tampouco fui ensinado ou sequer perderam seu tempo comigo em debater questões tão importantes como carma e reencarnação, entendendo o confronto de opiniões como contestação.

Leia isto, menino! – e só me entregavam livros, mostrando-se evasivos em explicar o conteúdo. Não que fosse complexo, ao contrário, até gostava muito, mas ninguém se sentava do meu lado para tirar dúvidas.

– Em plena ebulição *hippie*, o caráter de sua geração ficou marcado pela ideologia de paz e amor!

– Bem como pelos proclamas da morte de Deus em manchete da revista Times na década de 60.

– Você continua ateu?

– Devo chamá-lo de Cecil ou padre?

– Como quiser.

– A formação de minha geração foi calcada na busca do autoconhecimento, revelada através de sonhos pelo monge Freud. Através da conclamação à luta contra o demônio do capitalismo, minuciosamente detalhada na cartilha de frei Marx, que condenava a esmola e a caridade, porque aquietava a alma de alguns poucos, enquanto a maioria ainda morria de fome. No teatro, o pastor Tchekhov deu vida a personagens que construíram os sólidos pilares do ateísmo. Nietzsche declarou Deus morto e sepultaram-no na mesma pirâmide do faraó monoteísta Amenhotep. Fechei o livro no "Idiota" do primaz Dostoiévski.

– Os católicos mexicanos comemoram o Dia dos Finados com muita comida, misturando suor, riso, lágrimas e malte, ao invés de deplorar os prematuramente falecidos. Sequer se martirizam fazendo associação com a imagem de Cristo crucificado lamentando o abandono pelo Pai Todo-Poderoso. É a suprema sorte que o falecido adquire ao conhecer o mistério da vida.

– Renega-se a religião, mas não se consegue livrar dos rituais.

– É penoso desprender-se da memória, dos conhecimentos adquiridos, do intelecto que traduz as impressões recebidas dos sentidos, e suas identificações. Essa é a sua parte que resiste a abandonar a matéria. A sensação é a de condenar a memória a se consumir nas chamas do inferno, como se fora um ato de punição. O medo de morrer o leva a agarrar desesperadamente qualquer coisa que impeça os demônios de tragá-lo para o abismo. Mas se estiver em paz, os demônios serão, na verdade, os anjos que o livrarão da Terra, libertando sua alma.

– Somos todos carentes de fraternidade e solidariedade porque já nascemos irremediavelmente sós.

– Teremos de crescer e nos desenvolver para, ao menos, quebrar o círculo vicioso imposto pela sociedade.

– Não satisfaz: queremos mais, seja para construir ou desmontar hipocrisias que se cristalizaram.

– É próprio de cada indivíduo ter um sonho sobre como alcançar o que deseja. O que torna nosso caminho ímpar. Restando-nos lutar para comprovar que é viável.

A Igreja de Cecil Williams

Cecil Wiliams convida-me a entrar e conhecer a igreja, ao projeto da Glide Foundation.

Sob a liderança e orientação do Reverendo, são desenvolvidos programas de recuperação que têm por objetivo oferecer assistência, sem caráter paternalista, habilitando os estranhos ao ninho a candidatar-se a empregos, construir sua independência e relações saudáveis, em suma, começar o processo de recuperar o controle de suas vidas.

A Glide Foundation serve mais de um milhão de refeições gratuitas por ano, proporciona assistência médica, incluindo teste de AIDS, alfabetização, treinamento profissional e programas educacionais para os jovens, extensivos à família. Programas específicos são dirigidos à mulher para quebrar o ciclo de violência doméstica e nas ruas, providenciando um lugar seguro para se proteger do abuso e do incesto, bem como compartilhar suas histórias e estratégias para sair dessa. Quanto aos homens, especial atenção é concedida ao *Anger Management*, em que se discute desde a raiva crônica e acessos de fúria até o medo do ódio, levando-os a identificar o que origina, para chegar ao autocontrole.

– Glide é uma casa espiritual e social que aceita o proscrito e o rejeitado, que procuram uma família a qual querem pertencer, contando suas histórias e buscando uma identidade. Aqui não existe verdade tão terrível que não possa ser revelada, não é um lugar para se esconder – esclarece Cecil.

Acrescento que o John Wayne Cancer Center, na Califórnia, demonstrou que há uma relação direta entre a quantidade de células cancerígenas no sangue e o estado emocional do indivíduo. Se a pessoa está deprimida, o número dessas células aumenta. Tudo que faz melhorar o estado espiritual da pessoa acarreta benefícios ao estado de saúde. Tanto que a Organização Mundial de Saúde resolveu mudar o conceito de saúde, que é o estado de bem-estar físico, mental e psicológico. Agora acrescentaram o espiritual.

– Espiritualidade é a essência das comemorações promovidas pela Glide Church. Ser espiritual é ser autêntico, expor-se com clareza, fazer opção pela liberdade e justiça, ser completamente humano. Significa ter força para ir adiante, se identificarem como iguais e se julgarem aptos e capazes.

O Reverendo Cecil Williams prega, com paixão e fervor, mensagens em favor dos direitos do cidadão. A primeira geração de recuperados se sentou com ele para identificar alguns salva-vidas que os ajudaram a vir à tona, manter-se de pé, firmes, sem voltar atrás. São verdadeiras salvaguardas as 10 condições para resistir, as quais chamaram de *Terms of Resistance.* É ele quem explica:

– Na verdade, deveria se chamar *Terms of Faith and Resistance* (Pacto de Fé e Resistência). Os preceitos estipulados não são degraus para subir um atrás do outro, todos se conjugam e se impõem na primeira pessoa. Não se trata de uma nova versão dos Dez Mandamentos da Lei de Deus.

Ele levanta a mão direita, estende o polegar e inicia a contagem.

Número 1: *I will gain control over my life* – é assumir o controle e as rédeas de sua vida, passar a tomar conta de sua vida sem depender de ninguém, não só no que diz respeito a finanças. É saber tomar conta de sua vida.

Número 2: *I will stop lying* – é parar de mentir.

Número 3: *I will be honest with myself* – é ser honesto consigo mesmo.

Chega-me às mãos um programa com os horários e dias dos cultos, que prevê batismos em série, apresentação de corais, depoimentos, solicitações, pregações do pastor, em clima de informalidade e espontaneidade, a léguas de distância da rígida ordem litúrgica da Igreja Católica.

Número 4: *I will accept who I am* – é me aceitar, é você se aceitar, tal como és.

Número 5: *I will feel my real feelings* – é assumir seus reais sentimentos, senti-los tais como eles são, sem querer disfarçá-los, sem querer vê-los travestidos.

Prossegue a contagem com a mão esquerda até o soar do gongo. Suas palavras calavam fundo, despertando para a consciência de que nos encontramos numa rinha de combates cruel e desumana, a demonstrar o sucesso do boxe.

Número 6: *I will feel my pain* – é sentir sua própria dor, não fugir dela.

Número 7: *I will forgive myself and forgive others* – é perdoar a si mesmo e perdoar aos outros.

Número 8: *I will rebirth a new life* – é viver cada dia como se fosse o começo de uma nova vida, como se você tivesse que praticar o seu renascimento e a sua nova vida.

No que olho em volta, percebo uma igreja simples e despojada, preparada para um evento de multimídia, com monitores de televisão espalhados por toda parte, inclusive para levar a imagem do espetáculo e irradiar a magia do som a quem não conseguiu lugar dentro do recinto. Projetam em tela as letras das músicas e pensamentos do dia para que todos acompanhem, bem como vídeos que ilustrem os melhores momentos do projeto Glide em ritmo de comédia-pastelão, o que facilita a absorção ao americano acostumado com o riso farto.

Número 9: *I will live my spirituality* – é viver sua espiritualidade.

Número 10: *I will support and love my brothers and sisters* – é amar e ajudar seus irmãos, ser solidário com irmãos e irmãs, de sangue ou não.

Número 11...

– Irresistível a vontade de acrescentar novos mandamentos, é muito pecado!

Número 11: *I will tell the world my story* – é contar ao mundo a sua história.

O furor da nevasca se amaina, a poeira da neve se assenta como borra de café e uma nesga de sol abre a cancela para que 6 mil pessoas afluam à Páscoa formando filas enormes que exaltam a alegria e o alto-astral.

Carismático e exuberante, o pastor atrai multidões. A teatralidade nada mais é que um recurso para descontrair as pessoas de modo a exporem suas dificuldades financeiras, amorosas e familiares. Quando a Inquisição, aliada aos monarcas, declarou o teatro herege e fora da lei, Shakespeare aproveitou e nos brindou com o maior e mais popular teatro de todos os tempos. Agora é a vez da religião se apoderar do teatro.

O culto se inicia e as mensagens de fé de Cecil Williams levantam o moral dos participantes, que embalam o corpo ao som do rock e cantam *freedom songs* conduzidos pelo coro de 125 vozes, The Glide Ensemble, acompanhado pela The Glide Change Band e crooners fabulosos pinçados nas redondezas. Negros na sua maioria, evidentemente pelo fato de já nascerem com talento na pele, dom que ninguém discute.

O som é a mistura de jazz, blues e *gospel*, provocando a sensação de uma verdadeira interação e uma experiência espiritual contagiante. A larga cruz de madeira foi substituída por um show multimídia, lançando flashes de luz sobre as pessoas, que se encorajam e se juntam a outras, arrebatadas pelo autêntico *gospel* – e não para o turista ver.

A cerimônia, ou melhor, a reunião festiva, desenrola-se ao melhor estilo de outras seitas protestantes de raiz negra, embora não muito bem-comportada para o olhar crente de reprovação. É uma sucessão de coros que se apresentam, subindo ao palco, ora crianças, ora senhoras idosas que gingam com o furor da juventude, mulheres que cantam admiravelmente bem, qualquer que seja o seu caráter: sacro, rítmico que chacoalha, blues ou lamento.

Nesse remelexo, elas mobilizam a comunidade e envolvem os visitantes, sendo impossível deixar de rebolar e pensar na Carmen Miranda. Pouco importa quem você é, de onde veio, se está apenas sentado observando tudo de boca aberta ou se comenta à boca pequena, embasbacado. Não lhe resta muito tempo – sua alma será alcançada e atingida em cheio.

A espiritualidade é por mim vivenciada no meio do povo, que canta, que marca o ritmo com as mãos, que dança, que se confraterniza, que se abraça, ao participar de mensagens de Cecil que exaltam a recuperação de você para si mesmo, embaladas no som alegre do Glide Ensemble:

"Nós celebramos a vida! Glide é a gênese de um movimento espiritual. Espiritual porque responde às necessidades, muda as vidas das pessoas, dá esperança aos desesperados, incute segurança na aceitação, quebrando as barreiras da mente. Luta contra as forças opressivas da desumanização, oferece sem panaceia."

O culto se desdobra e progride tal como o jazz – a marca é o improviso. O público se comporta como os músicos e dançarinos: desperta a musicalidade mantida em conserva no espírito. Aos primeiros acordes da melodia, desprezam-na imediatamente para se entregarem ao improviso, ansiosos para que a música assuma as rédeas, batendo palmas ao compasso dela, não importando para onde isso irá levá-los.

Apenas uma certeza: a necessidade de libertar-se de tudo que pretenda nos rebaixar, humilhar, nos manter atolados no pântano do pessimismo. O improviso inspira o pastor a soltar pérolas de espiritualidade, injetando ânimo para se enfrentar um mundo que não dá pérolas a porcos. Quando somos merecedores de um pedaço maior nesse latifúndio.

Através da música, procura-se quebrar o carrancudo espírito de defesa que nos reveste. Comovendo e amolecendo o coração das pessoas sérias e intelectualizadas que julgam serem marciais e manipuladoras essas músicas voltadas "para converter os espíritos fracos" e evangelizar infiéis. Como, por exemplo, *Coming Home*. Quando cantada pelo The Glide Ensemble, leva-me às lágrimas; no entanto, se apenas lida, não causa o mesmo impacto. Vale mais a interpretação do espírito da música.

Só eu sei a rima para fazer os meus versos. E não quero ser poeta para fazê-los à custa de outros menestréis e trovadores – é assim que entendo traduzir a um artista. Em respeito ao original, ouçamos "De volta para casa" (daqui a trinta anos será possível ouvir a música bastando sensibilizar a letra com o indicador, que ela ganhará asas e sairá de dentro do livro):

Cecil Williams:

Meus irmãos e minhas irmãs, venham para casa
Venham todos para casa
Todo mundo precisa de uma casa
Voltem para o espírito
Um lar de amor incondicional
Um lar onde todas as raças e crenças, todas as classes, idades e sexos são aceitos
Venham para casa agora
Você, que se sente abandonado, sozinho, vazio e esquisito, deprimido, abatido, sacrificado, derrotado, banido e maltratado
Venha para casa
Venha para a comunidade, para uma família
Venha para este lugar
Este lugar onde o espírito fermenta
Você, que está irritado e violento e tão próximo do suicídio
Você, que se sente arrogante e ganancioso
Venha para casa agora
Para que se junte a nós numa grande família
E quando estivermos juntos
Como uma grande família
A vida surge
E o espírito vem
E chega o amor e também a compaixão
E o carinho vem e nos tornamos tudo isso
A nova família, o novo lugar, o novo lar
Venha para casa agora
Onde ninguém será rejeitado

Coral:

Para um lugar onde ninguém será rejeitado
Todos juntos, todos aceitos
Oh, Deus
Ó meu querido Deus
Vou contar a minha história
Vou falar a verdade
O amor não é ressentimento, não é barra-pesada
Deixe-me entrar, eu serei um amigo para você
Juntos, juntos nós nos libertaremos da dor
E iremos para um lugar onde ninguém será rejeitado
Vamos para casa juntos
Todos juntos, todos aceitos
Oh, Deus
Ó meu querido Deus
Estou voltando para casa
Vocês sabem o que é preciso fazer
Nós vamos, nós vamos começar juntos
Em meu coração, em minha alma, estou voltando para casa
Isso me faz tão bem
Voltar para casa

Cecil Williams:

Todos precisam retornar ao lar
Eu quero que vocês não deixem de aproveitar este instante
Aproveitem este instante
O que eu quero é que vocês saibam que existe um momento na vida
O momento pode ser
O momento que vocês decidirem
O que vão fazer com suas vidas
De agora em diante
Se vocês vão fazer algo a respeito

Ou simplesmente vão ficar onde estão
Vocês, que estão tão satisfeitos com vocês mesmos
Eu acho que algumas pessoas pensam que realmente têm importância
Mas o que eu quero é que vocês venham para casa
Porque eu sei que vocês, lá no fundo, estão magoados
Eu sei que existe dor
Eu sei que estão solitários
Eu sei que estão sofrendo
Eu sei que vocês sabem que há algo mais
Então venham para casa, venham para casa

Coral:
Para um lugar onde ninguém será rejeitado
Vamos para casa juntos
Todos juntos
Todos aceitos
Ô, ô, Deus
Ô, ô, Deus

Cecil Williams:
Venham todos, pensem apenas em voltar para casa
Nós precisamos ser irmãos e irmãs de verdade
Nós realmente precisamos que não haja distinção
De raças ou classes, crenças, gerações ou sexos
Deixem tudo pra lá
Venham já para casa
Da qual fazemos parte
Todos nós juntos
Voltem para o espírito

Coral:

Estou voltando
A me sentir em casa

"Vou contar a minha história, vou falar a verdade. Juntos, juntos nós nos libertaremos da dor e iremos para um lugar onde ninguém será rejeitado, como uma grande família. O amor não é ressentimento, vocês sabem o que é preciso fazer. E estou voltando a me sentir em casa. Aproveitem este instante."

Latejavam-me as têmporas. Essas frases musicais ecoaram resfriando a têmpera dos nervos de aço. Aos borbotões, lágrimas rolavam da face abrindo sulcos em minh'alma. Associar manteiga derretida ao universo feminino foi um erro.

A cerimônia me emocionou porque abalou meus alicerces no imenso domingo que tinha pela frente, fazendo-me crer:

– Será que fui conduzido a essa igreja, sem que eu suspeitasse, para entrar em contato com uma época em que era preciso ir à missa aos domingos a fim de cumprir obrigações e aplacar a consciência? Com o objetivo de se sentir menos culpado em relação aos artifícios que engendramos para burlar a vida? Ou para tentar entender, aceitar e perdoar os ensandecidos que tumultuam o mundo? Por que constantemente nos flagramos à mercê de conflitos, em estado belicoso, angustiados por ter sempre algo que não nos agrade? Será que precisamos do domingo para regenerar o dia, a semana, o ano, para ficar de bem com Deus e com a vida?

Para ficar de bem com o divino espírito santo – observo de longe o pastor em seu hábito preto, de costas para mim, convocando fiéis e agregados a saciar o apetite estimulado pelo showmissa na quermesse de doces e salgados organizada pela paróquia.

– Seria domingo o dia dedicado a ouvir sermões que por vezes parecem lendas, histórias da carochinha, que o entorpecem como a uma criança? O dia escolhido para ser presa fácil da comoção à toa que se alastra de forma indiscriminada e incontinente? Se correlaciono padre a admoestação, castigo e penitências, e se associo pastor a tanger o rebanho aos domingos, como carecer de um sacerdote para refletir sobre mim mesmo? Por que não meditar todos os dias da semana? Se nunca mantive grande contato com o ritual de domingo, como é que ficou enraizada em mim a ideia de que domingo é dia de balanço?

O que me calou fundo foi a religiosidade batendo à minha porta para me nortear. Prestar reverência ao sagrado propicia a preservação, no mais puro íntimo, de um território inviolável, a salvo de sequazes bisbilhoteiros. Parece que já falo como se estivesse zanzando e fuçando por aqui há muito tempo. Pois me senti regenerado no restante do dia, ávido por um almoço dominical em família, disposto a viver em paz e dormir mais cedo, pronto para recomeçar a labuta.

Você precisa realmente de um conselheiro espiritual? É preciso ter a humildade de pedir ajuda para realizar essa escalada. Subamos alguns degraus para romper com tudo que se encontra imerso em grande mistério. Dê asas à sua imaginação, nesse imenso espaço livre. Não tenha medo, não irá cair, desde que não olhe para baixo, senão vira estátua. Liberte-se de seu corpo e eleve sua alma, seu espírito, em direção ao Infinito, onde lá estará o Deus que escolheu, qualquer que seja, de braços abertos para acolhê-lo.

O Reverendo Cecil Williams pertence à categoria especial de pessoas que têm a missão de intermediar contato com o que tem de mais elevado em nós: a espiritualidade. Não é aquele salvador que irá regenerar, salvaguardar e transformar sua vida. Seu papel é fazê-lo parar na ensandecida corrida pela sobrevivência e, aproveitando a disponibilidade do dia livre, levá-lo a refletir sobre seus atos e os próximos passos a serem dados.

É uma Igreja que agita, torpedeando o mergulho dos incrédulos na acomodação e depressão, fazendo com que se sintam mais vivos. Combate a inércia dos que pensam que não têm mais idade para buscar novos ideais, que já fizeram de tudo na vida, nada mais restando. Quando a maioria das Igrejas quer que o fiel se sinta confortável, bem acomodado e que construa as suas paredes doutrinais de modo a protegê-lo de qualquer um que pense ou olhe diferentemente dela.

Seu mérito maior está em conseguir desempenhar sua missão de forma prazerosa, sem levar em consideração a culpa e o pecado, fardos remanescentes e enfatizados pelo ideário cristão. Liberto da ideia de que é sempre necessário expiar culpas, erros ou falhas, os tormentos passam, facilitando a correção do rumo de sua nau.

Uma paroquiana me historiou quão penoso o percurso do pastor ao transitar por entre os que abominam sua atuação na recuperação social dos excluídos. Mesmo porque, na sua infância, ele também foi um *outsider*, um sobrevivente, uma criança pobre de San Angelo (Texas), que nunca esqueceu suas raízes. Sua liderança incomodou tanto que o *establishment* acabou por organizar uma oposição cujo leque vai desde ativistas antigays – chegaram ao cúmulo de fazer piquetes em funerais de gays que morriam de AIDS – até autoridades eclesiásticas, que desejariam mais amor à Bíblia e menos confiança no sexo. Sua casa já foi carimbada com a suástica nazista, além de receber mensagens de ódio pela secretária eletrônica. Por isso, orienta seus paroquianos a serem fortes, a se manterem de pé na luta pelos seus direitos, orgulhosos do que são, seja sem-teto, enfermo, gay ou não, negro ou branco.

Quando ele foi designado para essa paróquia, lá se vão uns bons 40 anos, a igreja possuía cerca de 30 membros, todos brancos e bitolados que, nem bem completou o mês, pediram ao bispo que o removesse daquela localidade. Recusado o pleito, os paroquianos se foram e Williams ficou sozinho. Hoje ele tem mais de 5 mil membros, de diferentes origens e crenças, pouco importando a procedência, a formação, o berço. Aguçando a curiosidade de alguns renitentes conservadores.

Todo santo dia ele recebe novas provas de que podemos sobreviver juntos, sejamos judeus, árabes, orientais, africanos, latinos, americanos nativos ou de descendência estrangeira, que não renegam suas origens. Utópico, visionário, espectro que ameaça apenas àqueles que se dizem cristãos, observa com ironia.

Ele se concentra em dois princípios. *Be honest with yourself.* Seja honesto consigo mesmo. *We can't talk about diversity unless we have people saying who they are.* Nós não podemos falar sobre diversidades a menos que, cada vez mais, existam pessoas que saibam quem realmente são.

Parte do princípio de não nos acomodarmos às circunstâncias, estimulando as pessoas a saírem de sua toca, tentando colocar suas vidas nos eixos. Somente desapertando os parafusos dos limites de nossas consciências e arregaçando as mangas é que existe alguma possibilidade de final feliz para o ser humano. Fala com conhecimento de causa, comprometido até o pescoço com a comunidade mais pobre da cidade, a você que está aí parado, agindo sub-repticiamente, saindo de fininho ao menor toque de reunir e fazer a chamada para convocar a quem não deu o ar de sua graça nesse meio ambiente onde falta respeito e consideração.

Ele abre as portas a voluntários que se apresentam para organizar as obras de assistência social e os eventos dominicais. Conforme suas carências, procuram comida, proteção, moradia, tratamento médico, apoio espiritual, compreensão, ajudar uns aos outros, novos relacionamentos. Até mesmo se casar e formar família, quem sabe?

Apesar de ser um autêntico espetáculo, dentro de um clima predominantemente feérico, o ofício do pastor Cecil Williams transborda de emoção mística e ampla confraternização, que tornam o ritual leve se comparado com o tempo em que as missas eram rezadas em latim, uma xaropada que só os eruditos poderiam acompanhar. Ou quando pastores intransigentes se excediam na pregação moralista que intencionava circunscrever a paróquia aos bons costumes, com força de lei para a comunidade. Ou mesmo a exemplo das inúmeras tentativas de exorcismo através dos gritos desvairados dos crentes. Desfigurando o ritual, convertendo-o em sermão enfadonho e grávido de refrões lamurientos. Sem eco.

Marxistas e agnósticos

Os comunistas elegeram como seu inimigo as religiões, há séculos associadas a governos corruptos e ideologias espúrias. De um tempo em que a Igreja e o Estado haviam se comprometido em um casamento indissolúvel. Que fez miséria. Puseram para correr histórias mal contadas e baniram conclusões não demonstradas, sobretudo a respeito de moral e ética. Conhecimentos, somente os adquiridos pela razão, o culto ao agnóstico.

O marxismo surgiu para dar um fim à desigual materialidade social. Uma utopia, se considerado o padrão de matéria com o qual as pessoas são feitas, segundo o apego que devotam à sua caderneta de poupança, pedaço de terra e joias. A utopia alardeada pelos comunistas significava a salvação e redenção de um povo secularmente explorado, que iria transcender todos os valores vigentes relacionados ao vil metal, patrimônio, riqueza e distribuição de renda.

Ingenuidade não admitir que o comunismo tenha se convertido numa religião. E Marx, seu Deus. Toda religião se encerra em uma verdade e o dogma da justiça social fez com que se depositasse fé no marxismo, arrastando milhões de fiéis para a crença que revolucionou o século XX.

Acabaram caindo na armadilha de que "religião é o ópio do povo". A crise de fé se espraiou como uma nuvem de gafanhotos nos trigais, na mesma medida em que o comunismo varreu as mentes de 60% do planeta com a eclosão da Guerra Fria e do maniqueísmo que dividiu os reinos entre o Bem e o Mal, decodificado como entre a democracia e a ditadura do proletariado, entre as liberdades individuais e a igualdade social, no gênero mocinho e bandido em duelo ao pôr do sol.

O que obrigou as religiões a promoverem transformações de peso através da releitura de alguns de seus dogmas, captando melhor o que ensinam. A reverterem um quadro de incertezas e desconfiança generalizada na fé, provocado por um conciliábulo de prelados que envergonharam a prática religiosa, porque associada à práxis política de czares, imperadores, reis e ditadores, ou submissos a genocidas e exterminadores do futuro – os ateus apenas acenderam o rastilho de pólvora.

A fé em concordata estraçalhou um ciclo histórico de religiões, seitas e doutrinas ensimesmadas em sua verdade absoluta e regidas pela autossuficiência que não tolera a diversidade no espírito. Gerou a necessidade de se aproximarem e falarem o mesmo idioma, fez com que abandonassem a política paroquial e aprendessem a ouvir as reivindicações da comunidade. Até os budistas, que não se metem em política, foram mortalmente atingidos pelos chineses ao perderem o Tibet, colocando em risco a imortalidade do Dalai-Lama encarnado – que renasceu e conquistou o Ocidente.

A fé somente recrudesceu no Islamismo – as mesquitas se converteram em santuários do poder –, mantendo-se intocada na Índia, onde a tradição da virtude religiosa fala mais alto e a política não buliversa com deuses, nirvanas e *kama sutra*, que dão sustentação à sociedade. Castelos de areia e Taj Mahal purificados pelo rio Ganges constituem a riqueza de que o povo desfruta e se espiritualiza.

O comunismo ficou na promessa de voltar um dia – o monstro do lago Ness. Não teve longa vida para colocar em prática o ideal da igualdade social, visto que não soube vencer a competição com o capitalismo, que adoça a boca dos críticos apenas trocando de pele – capitalismo ora selvagem, ora puro, concorrência perfeita, clássico, liberal, de Estado, regime misto, e o consagrado neoliberal.

Após a queda do Muro de Berlim, o comunismo desmoronou, deixando órfã a majoritária população do planeta que ansiava por ver atendidas suas necessidades básicas e inúmeras outras questões relacionadas à convivência pacífica entre os seus. O império das leis capitalistas se consolidou e endureceu.

Na esteira da queda, constatei que se esfumaçou a pretensão em comprovar cientificamente o sentido da vida e do Universo – o agnosticismo. Bem como se desmantelou a doutrina contemporânea mais divulgada do ateísmo materialista: o marxismo. As chamadas condições concretas materiais se mostraram insuficientes para explicação dos fenômenos que se apresentam à investigação.

O Muro não resistiu à ação do tempo, sepultando em seus destroços a falta de solidez em ideias e sentimentos calcados no Deus absurdo que nos legou essa existência – Sartre –, no Deus como instrumento de fuga – Nietzsche – e insensível ao sofrimento humano – Schopenhauer. O problema existencial agravou-se, gerando uma busca desenfreada atrás de algo que nos proteja do caos.

O misticismo se renova a cada cinco minutos, o Cosmos obriga. Os livros de autoajuda se multiplicaram. Os anjos nunca foram tão solicitados. A física virou metafísica. O médico virou pai de santo, pois não aguentou a precisão cirúrgica da medicina. Psicanálise reichiana, acupuntura, meditação, *shiatsu*, *reiki*, *tai chi chuan*, tarô, astrologia, cabala, quirologia, cromoterapia, *i-ching*, runas e outros integram a bíblia do admirável mundo novo espiritual.

Os comunistas são ateus; agnósticos porque consideravam fútil a metafísica – a prioridade era a fome. Com a guinada no mundo que submergiu a esquerda, foram obrigados a rever conceitos e posições que, se submetidos a julgamento 30 anos antes, seriam considerados revisionistas, traidores, vigaristas, oportunistas, dignos de expulsão do Partidão. Os mesmos que até bem pouco tempo faziam patrulha ideológica e prescreviam *paredón*.

Salutar e abençoada a atitude de querer mudar, garante quem já sentiu o gosto da evolução. Choca, contudo, ver ruir as convicções de orgulhosos camaradas que pretendiam abalar os alicerces da sociedade, matando a ilusão dos que assistiam a esse espetáculo na esperança de um dia "o circo pegar fogo".

Assumiram uma pose de que não adianta bater de frente com a irreversível progressão do mundo a querer globalizar tudo, nossos gostos, nossos costumes, nossas roupas e a quem devemos amar. Fazem questão de exigir os mesmos princípios democráticos fundados em valores burgueses que execravam, no afã de expressar sua opinião e tentar explicar o porquê de mudarem tanto. Sem, no entanto, convencer nem mostrar sinais de arrependimento. Afinal de contas, não é mais preciso dar o braço a torcer, a autocrítica acabou.

Lembra exemplos recentes de patriarcas que construíram uma grande família em torno de seus negócios, sujeita a cumprir um severo código pré-estabelecido e um dia, sem aviso prévio, jogaram tudo para o alto e se casaram com a enfermeira.

O agnóstico cultiva pavor pela morte porque, apesar ele de ter certeza de que não existe vida após a morte, na verdade, fica na dúvida. Como se defrontar com aquilo que não pode vencer? Como enfrentar aquilo no qual não acredita? Não importa o diabo de forma assumida, seja o Juízo Final, Deus, espíritos, assombração. Até o Nada assusta. E se gosta tanto da vida, é outro motivo para não morrer. Vale a pena ser eterno. Ainda mais que desenvolveu notavelmente sua inteligência, adquiriu mil e um conhecimentos, foi heroico, colecionou amores, passou adiante sua sabedoria. Seria injusto interromper uma existência tão brilhante.

Por vezes, o agnóstico chega a se comportar como uma criança, exigindo explicações detalhadas sobre como a física e a química atuam para operar a mecânica da vida. Transforma a realidade em mulher-objeto de seu raciocínio. Seu umbigo não consegue enxergar as pessoas, apenas o papel que elas desempenham perante Ele. A bagagem literária pesa mais que a sabedoria intuitiva. Não acredita que exista vida inteligente além do império dos sentidos e do intelecto, embora reconheça que, ao morrermos, não faz sentido apagar a memória, identificação do Seu fecundo passado.

Os agnósticos duvidam da felicidade. Ridicularizam a urgência em querer ser feliz num planeta contaminado pela miserabilidade. Entediados, torcem o nariz para o que não é genial. Ídolos, de preferência, os já falecidos. Segregam o indivíduo intuitivo e de consciência religiosa. Música em igreja é para "fazer a cabeça", hipnotizar a plateia. Exaltam a beleza da arquitetura de capelas e templos, omitindo-se quanto ao seu interior que convida a uma reflexão sobre si mesmo. Imaginam que seja um S.O.S. (*save our souls*) velado. Porque descreem de tudo. "Se Deus existisse, não permitiria tanta desgraça no mundo." Fazem pouco de gente que se contenta com o que é simples.

Por que essa necessidade de desencadear uma guerra santa contra os que têm fé?

Os agnósticos parecem aqueles professores que, ao esclarecerem uma dúvida do aluno, não respondem exatamente ao que foi perguntado. Não sendo lógicos, fogem do espírito da questão, desdenhando dos pobres coitados que têm facilidade em acreditar no absurdo da religião depois que o mundo evoluiu tanto.

"Não preciso de muletas", afirmam, até algo de grave lhes ocorrer. Teimosia crônica: empacam e não saem do lugar. Humildade, artigo raro na sua despensa. Falta de visão.

De quem? Do Armando, que adorava uma boa prosa, mas detestava conversar sobre Deus. No entanto, aterrorizava-se só de pensar que alguma coisa pudesse acontecer a seu filho, nascido em meio a inúmeras relações tempestuosas, sobrando ele como verdadeiro legado:

– Somos irmãos, pai, filho, amigos. Tudo que há de bom no mundo, nós temos na nossa relação. Não quero nem imaginar meu filho indo antes de mim. Eu perderia o que tenho de melhor. Nada poderia me doer mais. A vida se tornaria irrelevante.

É abrindo o coração que a espiritualidade se inicia, com um senso de gratidão por estar vivo, pela dádiva de pertencer a este Universo, cujo ritual é celebrar o ato de dar e receber de todo o santo dia. No ambiente em que cresci, não encontrei espaço para desvelar o verdadeiro significado da religiosidade, sempre associado ao cumprimento escrupuloso dos deveres litúrgicos, os papa-missas acima de qualquer suspeita. Abalando a confiança corajosa em se entregar ao supremo pertencer, perceptível nos picos de fé.

Sentir-se orgulhoso por acreditar no seu belo raciocínio não merece aplausos, se implausível for a filosofia. Que, de tão requentada, esquentou minha cabeça. Fui ao MoMA (Museu de Arte Moderna) a fim de relaxar repousado na boa arte.

Gays, uma questão de física moderna

Há bondes para cortar caminho, mas que levam aos leões-marinhos refestelados no Píer 39 e ao comércio inteligente do Fisherman's Wharf, que nos oferecem o belíssimo panorama da Golden Gate, símbolo de São Francisco, e, como sobremesa, o presídio de Alcatraz.

Acho melhor enveredar pela Haight Street, o coração do movimento Flower Power em 1967, o colorido território *hippie* que preserva o casario em estilo vitoriano em meio a gente de todas as tribos, de todas as épocas, o que nos assegura que a era de paz e amor só encontrou paralelo nas malocas do Taiti de Gauguin ou no Olimpo – graças à herança dos *beatniks* Jack Kerouac e Allan Ginsberg.

Para saciar a fome de tanta cultura só comendo alho no restaurante The Stinking Rose, cujo cardápio, serviço e decoração se inspiram no alho. Aí mesmo é que você sai cantando "I left my heart in San Francisco", na certeza de que recebem quem vem de fora como alguém que volta para sua terra natal.

Aliás, observando melhor a natureza do povo de São Francisco, percebe-se serenidade, uma reciprocidade no respeito que beira a confiança, e uma educação que o sobressai dentre os patrícios confederados. Não cultivam caraminholas; embora iminente a catástrofe, difícil é entender por que a população não abandona a região, se os maias deixaram para trás seus domínios e magníficas pirâmides quando a água acabou.

Normalmente, as pessoas tomam um amor tão grande por sua terra, por onde moram e se desenvolvem, que mesmo a ameaça de um cataclismo não as faz sair de lá. Não passa pela cabeça de ninguém morrer de forma estúpida. Embora saibam que a fatalidade ronda suas casas, seguem em frente acreditando no futuro e na esperança de que a profecia não se concretize. Se um paciente desenganado pode reverter o diagnóstico, surpreendendo o mais cético dos médicos, é sinal de quão longe pode ir a cega determinação.

O que chama a atenção são as manifestações de amor, afeto e carinho, com que facilidade chegam junto, se abraçam e namoram. Provêm, na sua grande maioria, dos homossexuais, sejam gays ou lésbicas, felizes por não correrem o menor risco em se expor, vencidos séculos de repressão. A discrição deles repuxa as minhas sobrancelhas para observá-los melhor, no doce deleite de terem virado a página e escrito sua própria história.

Castro Street e adjacências é o local escolhido pela comunidade para morar e trabalhar. É mundialmente conhecido como a Meca dos gays. Um verdadeiro lar para os que amam variar de lojas, restaurantes, mercadinhos e residência, desde que nas cercanias do bairro. Confiável para os que amam variar de parceiro, sem que haja um paizão a meter a mão em sua cumbuca ou mãezona a pôr o dedo onde não foi chamada.

Castro prossegue em sua evolução, com uma história rica em diversidade, escrita por gente que se debulhou em lágrimas e agora cai na gargalhada ou sorri diante do amor ser possível. É um território livre por onde você circula em meio a prédios enfeitados por bandeiras coloridas que simbolizam sua opção de vida. Alguns estabelecimentos comerciais ressaltam a ideologia gay em anúncios nas vitrines, atraindo curiosos, interessados e indecisos. Autoexaltação ou marketing? É o seu *leitmotiv*, a bandeira monotemática sobre a qual insistem com frequência, tão somente para frisar que nada os difere dos outros.

Os heterossexuais são aqui chamados de *straight*, os que não saem da linha, os que nunca se desviam, retilíneos em sua linearidade, para que maiores complicações? A impressão que fica é que se sentem tolhidos e reprimidos pelos homossexuais, levando-os a se encolherem e não demonstrarem o que sentem.

É uma questão de física moderna. Se aos gays fossem permitidas manifestações de amor explícitas no restante do mundo, num primeiro momento – que levaria não sei quantos anos –, haveria uma retração dos heterossexuais. No mínimo, porque seria necessária uma reocupação de espaço, intensificada pela expansão e exuberância dos gays. Poder-se-ia dizer que isso já ocorre no sexo masculino, calado a atônito diante da mulher pós-feminista, em reação à perda de território.

Vestem-se despidos de badulaques e não obedecem à ditadura da moda. Do executivo ao motorista de táxi, o cartão de visita é a cultura, e não a aparência. Uma cidade povoada por professores e alunos torna o sujeito desprendido, aberto a novas formas de saber. Um charme despojado de sofisticação.

Os contrastes tornam a comunidade mais esperta e ágil. Alargam horizontes e assimilam diferenças, diminuindo a tensão na convivência, o que aumenta a vontade de viver. Incorporam novos hábitos e colorem a vida com alegria, jogando para longe um dos maiores preconceitos que existe no mundo. Se pudéssemos adotar o mesmo remédio a outros preconceitos, seja qual for o rincão, aproveitando o surto globalizante, o planeta adquiriria outra dimensão, adequadamente solidário para enfrentar catástrofes apocalípticas.

Viro a esquina do MoMA e me defronto com um casal que trocava recomendações e afagos, olho no olho. Um deles, de terno bege riscado, gravata de seda vermelha, lenço na lapela, cabelo engomado e chapéu-coco na mão. O outro, impecável no estilo jeans clássico e no odor do perfume.

Mas o que me deixou de queixo caído foi o MoMA. Em especial, a instalação do escultor americano Robert Gober, ao dispor de uma sala em que pintou somente árvores ao longo de três paredes, interrompendo a pintura na última. Árvores que refletiam a pureza do meio ambiente, delineadas sob a visão de um ecologista, distantes de uma floresta densa e selvagem. No meio do arvoredo e próximo ao teto, ele desenhou uma janela gradeada, representando uma janela de prisão, inalcançável para quem quisesse escapar. No lado oposto, instalou uma pia batismal, com duas grandes torneiras jorrando água sem parar, causando a impressão sonora de uma cachoeira no seio da floresta e, ao mesmo tempo, representando a água que tem de existir na prisão para manter o condenado bem vivo a fim de sofrer o cárcere. Embaixo dessa pia, uma caixa de veneno para matar rato, com invólucro vermelho. Duas pilhas de jornais velhos, uma na área arborizada e outra na área em branco complementam o quadro.

A interrupção brusca da pintura na parede dava a impressão de que alguma coisa acontecera – talvez ele tivesse saído para respirar novos ares resolvendo nunca mais voltar para completar sua obra, quiçá morrido. Já que, a partir da última árvore, a parede ficara branca. Pareceu-me que sua vida foi interrompida no momento em que a parede restou vazia, que a natureza exalara seu último suspiro. Como se estivéssemos na UTI, diante do monitor cardíaco, vendo as oscilações do coração desmanchando-se numa linha contínua. A morte anunciada. A pilha de jornais velhos significa a passagem de tempo, que prossegue implacável. O tempo é o eterno presente.

Ou então a obra sugerir que a vida seria uma verdadeira prisão – apesar de arte e água abundantes –, não valendo a pena nela manter-se enjaulado. Sucumbindo ao efeito sugestivo do veneno para interromper a vida. O eterno conflito entre abandonar a luta, cedendo ao suicídio, e valer-se de inúmeras fontes energéticas que existem ao nosso redor.

Lake Tahoe e o eremita

O mergulho no social de Cecil Williams me assustou. Tenho fobia a rituais, não consigo me apegar a eles, nunca me convencem. Um sacrilégio perante a obra do pastor. Mas sei que ele me compreenderá.

Urge escapar dos agnósticos, refletem a negatividade que atraem sobre si. Tenho medo de crescer e ficar igual ao pai e mãe que não aceitam o crescimento do filho. De virar um Peter Pan que não quer abandonar a Terra do Nunca.

Há que sair à francesa para encontrar o eremita em Lake Tahoe, terra dos conquistadores do oeste americano. Visionário, só ele poderia me dizer o que devo fazer.

Lake Tahoe não é apenas uma estação de esqui. É uma região a nordeste de São Francisco em que a altitude varia de 1.500 a 3.000 metros, com a neve ainda ocupando as montanhas e cercanias na primavera. Um monumento natural que tranquiliza e intimida ao mesmo tempo, ao evocar solidão. Por onde os pioneiros iniciaram a integração Leste-Oeste dos Estados Unidos.

No mesmo lugar em que o faroeste granjeou fama, hoje se pode morar e viver bem. O céu de puríssimo azul e esplendor sem-par faz parecer maior a imensidão do lago, que só para contorná-lo demora quase um dia de carro. Paisagens deslumbrantes de onde se divisa o escuro verde das águas limpas, a fumaça escapando das casas de madeira e montanhas que muralham uma terra de serena claridade, procurada por pessoas que buscam sossego e entretenimento familiar em meio aos esportes de inverno como esqui, patinação, tobogã e *snowmobile*.

A caminho da Califórnia, milhares de caravanas atravessaram Lake Tahoe nas pegadas de uma vida melhor. O homem branco não hesitou em conquistar e se estabelecer na terra que era do índio. Época do *Gold*

Rush, marcada pelo combate corpo a corpo com os peles-vermelhas e entre eles próprios, tendo o ouro como pomo da disputa.

Truckee nasceu como parada de descanso para viajantes e cresceu quando descobriram prata em abundância, o que viabilizou a chegada da estrada de ferro. Ainda hoje, ela mantém as proporções de uma cidadezinha do tempo do faroeste, preservada a rua principal onde se desenrolavam os duelos, com a linha do trem bem defronte.

Cansado de tanto internalizar e buscar respostas, senti-me exaurido como os desbravadores que aqui chegaram. Como se tivesse cruzado a América inteira a pé, entrado num *saloon* e o Kirk Douglas dissesse na minha cara que não gosta de almofadinhas que vêm do Leste sem usar revólver no coldre. Para que reagir, para provar que sou homem? Ao observar melhor a fisionomia de Kirk, lembrei-me de que procuro o eremita. E pernas pra que te quero, com as balas zunindo pelas minhas orelhas.

Receava soltar meu pé pelas obscuras trilhas e afundar no pântano, em promiscuidade com toda sorte dos fantasmas que o habitam. Se me enterrasse até os joelhos no lodo, não conseguiria dar mais um passo, ficaria pra trás, engessado. Tudo porque não ousei carregar meu peso adiante.

Não há ninguém para prestar socorro, o chilreio emudeceu – cadê os pássaros? As águas retintas já transpareceram alhures minha face. Como uma nuvem passageira que assoma, vem a solidão vazia de sentido que tanto tememos e atraímos, por preferir amar a nós mesmos, já que os outros nunca irão entender o que somos, em substância.

Enfiei a bota na neve e percorri reentrâncias e enseadas da Baía Esmeralda, um dos recantos mais bonitos de Lake Tahoe, sem preocupar-me com meu tempo cronológico, tanto que entrei no mundo da lua ao perceber que estava pisando no paraíso dos eremitas.

O homem que foge ao convívio social se transforma em eremita quando não quer mais ser reconhecido, quer que o esqueçam e não se lembrem mais de seu nome. Mesmo porque, se começar a divulgar o nome dos que descobrem edens como Lake Tahoe, eles acabam virando ídolos a serem reverenciados por ecologistas e individualistas de plantão.

O eremita desistiu de ficar frente a frente com Deus e descobrir, de uma vez por todas, o sentido de tanta existência e sofrimento. Prefere estar consigo, mesmo que se deteste.

São egressos do fascínio pela busca desenfreada de avanços tecnológicos, consanguínea, por sua vez, da cobiça que moveu a Corrida do Ouro, na esteira de uma era marcada pela glorificação da ciência e da razão denominada de Iluminismo, numa inequívoca apropriação do Iluminado budista, joia do idioma místico.

De retrospecto nebuloso, John Smith é uma ficção que se embrenhou em Lake Tahoe por volta de 1860. Não havia ninguém e, por esse motivo, ele se considerou o rei de um reinado sem plebeus. Indo ao encontro da Natureza quis fugir da sociedade, do contato com os outros, da imensa falsidade que permeia as relações humanas. Pra falar a verdade, não tolerava o próximo.

A aparência do andrajoso e barbado eremita de cajado na mão não corresponde à realidade de John Smith. Preferia o uísque barato e o desnorteio, já que era prisioneiro de si mesmo – a fiel imagem do fim de alguns que se julgam mais do que os outros. Com que prazer empunhava uma Winchester – escalpo de índios vinham-lhe à cabeça! O racionalismo exacerbado pouco progresso acrescentou ao ser humano em sua sanha de predador do seu semelhante – até hoje.

Ao pôr os pés nas águas cristalinas do lago, ficou tão maravilhado que se imaginou confortavelmente instalado num casebre de madeira. Custara-lhe muito aprender a viver sozinho – sem companhia – e pretendeu demarcar seu território. Achou que a Natureza o receberia de braços abertos, suprindo e absorvendo-o.

Eis que sobreveio uma violenta tempestade de neve. O que preocupa na tormenta é quando ela não dá indícios de parar, de tal rapidez que impede o raciocínio, dificultando a fuga a tempo, empurrando-nos para o que mais tememos: ficar cercado. Pior, se tragado e congelado, muito pior, se em geleiras, mantida intacta sua imagem por séculos.

Uma antevisão pavorosa do que prenunciava o futuro. Não há mais espaço nesse planeta para se viver isolado e distante do que nos deixa neuróticos e tensos. John Smith veio a morrer sozinho – não esperava ser atraiçoado pela Natureza.

Tolice. A Natureza não aceita pacto algum, pois disfarçamos mecanismos de coerção ou tentativas sutis em querer dominá-la. A Natureza é incontrolável não por ser selvagem e, em decorrência, hostil, e sim porque significaria destruir sua essência. Igual à mulher quando encasqueta de ser mãe: não há ninguém que a afronte.

Em pleno deleite do paraíso, refestelado em seu trono, John Smith não resistiu ao desejo de possuir o Belo. Só para si, o burburinho das águas, o trinado dos passarinhos, o murmúrio do vento a soprar na orelha das folhas, que o hipnotizaram a ponto de fazê-lo sucumbir aos encantos da Natureza, com quem tinha sérias intenções de compartilhar seus segredos e, finalmente, se sentir em casa naquela companhia.

O eremita devaneia sempre de olhos abertos, imerso no silêncio da solidão, procurando aproximar o bruxulear da vela a sombrios recantos da alma humana, encorajando os despossuídos e carentes de significado. Leva-nos a navegar na fantasia de não mais pensar no que ficou para trás, horas a fio entretido com o imediato do presente. Perfeitamente encaixado em uma época de busca universal sem paralelo, em que o convencional das religiões perdeu substância e a célula familiar desintegrou-se.

Espessa barba, trajes puídos e sandálias franciscanas denunciam que o eremita não precisa de lar. O Velho Sábio é uma pálida lembrança do passado e está pronto para renunciar à vida. O que causa medo. Petrifica, por acarretar consequências desastrosas.

Desmotivado em reacender sua própria centelha, acaba involuntariamente ajudando ao próximo na devassa das trevas do espírito, pois não espera soluções mágicas que venham dos céus. Sem a menor clareza de espírito, expõe as vísceras de sua falta de coragem moral, revelando o que acabrunha e desconsola em seu trajeto. A sangue-frio. A olho nu. Nem sinal de contestação, por ser ato confesso, tardio, porém aceito, de que se soubesse como, teria feito de outro modo.

O dilema é descobrir sua própria luz interior – o que guarda dentro de si é um tesouro que ignora ou deixou escapar. A chama não virá da tocha olímpica que o mensageiro de Zeus ficou de lhe entregar de mãos beijadas. O leve sopro de respiração que tremelica a chama sinaliza que o Espírito vive dentro de nós.

O Espírito sopra onde quer. Escutai sua voz, embora não saibais de onde vem nem para onde vai. O Espírito Santo não é obra de ficção. Ele existe.

O eremita já fez a sua parte. Ofereceu-nos a oportunidade de pôr um termo em nossas divisões e decidir pelo que afinal queremos. Esperar mais o quê? Lamentar os passos errados? Ter nascido assim? É de ti, apenas de ti, que a espiritualidade ressurge, recria e prova que existe algo dentro desse corpo, dessa matéria. O eremita agradece a parte que lhe toca.

Defronte à cabana do eremita, empurro a porta da frente com uma leveza que não impede o chiado pelo transtorno à malquerença conservada em salmoura. Dirijo-me pros fundos, fazendo ranger as tábuas que ganiam ao vergarem diante do meu passo forte. Torço a maçaneta. Uma nesga de sol desponta e toma conta de meu rosto. Iluminando-o. Finalmente.

A neve rapidamente degela, começa a pingar das calhas e do topo das árvores. Molho a ponta do dedo numa gota d'água que mal se equilibra sobre uma folha e alivio a aspereza da boca ressecada. O rio recupera o terreno do seu curso, os esquilos brincam de cambalhota, o contraste do branco monocórdico com os diferentes matizes de cores da natureza se acentua e o arco-íris risca o céu.

Alertando para a parábola que evocou a realidade de espíritos que buscam se harmonizar e se entrecruzam com aflitos no afã de demovê-lo do caminho correto. A bênção, meu pai! Sabias desde o início que essa viagem me levaria a um destino certo! Dele eu nunca desviei, nem contrariedades ao longo do caminho me abateram. Serviram de teste sim para colocar a paciência à prova e reconhecer que bênçãos superam dores, sofrimentos sobrevêm para ensinar. Não vale a pena se atormentar. A tortura apequena a veemência das paixões e embota o frescor de eu confessar meu amor incondicional por você.

PARÁBOLA DE UM NOVO TEMPO

O arco-íris se desmancha seguido de uma chuva copiosa que dilui a concretude de minha realidade, tal como eu me apresentava perante os outros. Grossos pingos de encontro aos tetos e janelas ressoam como lágrimas vertidas em silêncio, alertando para a parábola que evocou a realidade de três espíritos que buscam se harmonizar em um só corpo: reativo, abre e fecha e desbravador. Em sincronicidade.

Jung escolheu o termo sincronicidade para se referir à coincidência no tempo de dois ou mais eventos sem uma causa comum que os correlacione e explique por que, ao final, possuem o mesmo significado. Exemplo máximo, o desencadear de paixões. Se pudéssemos paralisar o tempo, elas convergiriam ao se tornarem simultâneas por força de seu conteúdo de mesma significância que expressa afinidade nos acontecimentos.

A sincronicidade é um princípio sem relação de causa e efeito. Trata-se de algo mais que uma probabilidade de acasos. Sincronia não é a mesma coisa que sincronicidade, mas sem sincronia ou coincidência no tempo e no espaço não há sincronicidade.

Refinando, uma correspondência no tempo entre fenômenos que sucedem simultaneamente ou paralelamente. Libertam fluidos psíquicos em repouso, desconsideram o fator tempo e espaço, e convidam a se manifestar o todo-poderoso Inconsciente, uma percepção desenhada através de imagens desprovidas de pensamento, do seu eu, em que você está ausente como indivíduo real portador de vontades e gera seres ou objetos confusamente percebidos, cuja natureza não pode precisar.

Criados especialmente pela luz, diriam os impressionistas, esses seres parecem caprichos de sonhos fantasmagóricos que esvoaçam e o visitam sem a menor cerimônia, atraindo imagens de nossos primórdios que correspondem a temas mitológicos presentes em contos de fada e lendas populares de épocas e culturas diferentes. Jung denominou-os de arquétipos.

Estruturam e fermentam o inconsciente, no propósito de formar nosso arsenal psicológico, povoado tanto de fantasias individuais quanto de personagens lendários de um povo. São conteúdos de experiência psíquica humana, transmitidos hereditariamente com a estrutura cerebral. Sedimentos de experiências constantemente revividas pela humanidade que compõem o inconsciente coletivo de Jung, herança humana universal cujo centro nervoso funciona em sintonia fina, do mesmo modo que o corpo humano apresenta uma anatomia comum.

É o inconsciente que abre as portas para a sincronicidade, em oposição à nossa consciência, que se acomoda dentro de certos limites condicionados ao papel que desejamos representar. Apesar de ela absorver uma profusão infinita de informações, rejeita tudo que implique em prejuízo de imagem.

Na sincronicidade, o inconsciente cresce, a consciência flui para lá leve e fagueira, livre da responsabilidade de ocupar espaço, como é de costume, para que reinem os arquétipos e nos revelem se na sincronicidade existe uma correspondência direta entre os fatos que ocorrem em nossas vidas, especialmente estranhas repetições que não conseguem explicar se a uma manifestação da consciência corresponde uma outra manifestação do mundo.

Ao se desprenderem, os arquétipos refletem o processo através do qual o indivíduo vai descobrindo quem ele realmente é, se capaz de tomar consciência desse desenvolvimento e influenciá-lo, segundo Jung.

Saí do divã de Doktor Freud e mergulhei no inconsciente coletivo de Jung – responsabilizo a sincronicidade.

Para os ocidentais, a ciência vai para o trono. Por não aceitarem a mente chinesa, estranham que um povo tão dotado e inteligente nunca tenha desenvolvido uma ciência, preocupados que estão com o acaso e o incidental que regem o dia a dia, que inclui até o menor e mais absurdo detalhe.

Para os chineses, o conhecimento da verdade provém da experiência desencadeada pelas leis naturais e do arcaico que, organicamente, ramificou-se através do bom senso e independentemente de qualquer aprendizado. Opõem-se ao racionalismo do não existir efeito sem causa. Para não ter que explicar uma reação que faz sentido, desprovida, a princípio, de todo e qualquer sentido.

A aparição simultânea de três manifestações espirituais, sem que houvesse um elo perdido, brotaram de um rebelde cujas causas se esfumaçaram no agnosticismo do qual provinha.

Parti do concreto armado que modelou o contexto de minha existência, de cuja massa dei contorno a uma armadura para resistir como um guerreiro a determinados testes e esforços ao longo da maratona da vida, que visam quebrar sua integridade, abalar sua fé e, o que é pior, interromper sua linha de destino.

Embrenhei-me através das florestas do Budismo e do Taoísmo, no resgate da essência de nossa missão no planeta Terra, a fim de aprender a lidar melhor com a vida espiritual. Sem que fosse guiado pela luz que hipnotiza e fanatiza no rastro de verdades absolutas, a compensar os sofrimentos por que passamos, fardo das consequências do apego ao mundo material, da ilusão de ótica peculiar ao amor, da truculência do individualismo, e da indiferença marcada pelo desamor ao próximo.

Rompi uma histórica resistência equivalente aos padrões taurino, capricorniano e ariano. Somados, uma teimosia que protelou o resgate de uma nova realidade espiritual. Todo resgate contém uma revelação interessante – no meu caso, três que se converteram em uma.

Quando se vai em busca de algo numa cultura que alcança a libertação no rodamoinho do sofrimento, ao se desembaraçar do flagelo da ignorância de se considerar o centro do mundo, apegado a necessidades imediatas e a um temperamento de segurar todas as coisas à sua volta, você descobre que sua insatisfação decorre do caráter de impermanência e de mutabilidade que caracteriza a nossa existência pulverizar esse deus que portamos sob a pele.

O reativo descobre que todas as respostas para as suas angústias já estavam dentro de si. Os tailandeses sempre correlacionaram a perda da paz interior com o distanciamento da consciência, o que dificulta a clareza e a agudeza na visão. Eu vivera até agora apartado do Ser Interior, devido à necessidade de ir em direção a algo que tanto desejava ou precisava... e ser considerado um bravo agressor, ao opor a uma ação outra que lhe é contrária, protestando sem pensar.

Quando se vai em busca de algo na Tailândia, que te assimila desde que não interfira no amor que sentem por Buda, você se ilumina ao aceitar que o que mais quer é do que tem mais medo. O budismo se expande e avança por sobre a América e Europa graças ao Dalai-Lama – a responsabilidade é da vossa magnitude se pretende mudar o destino com sua prática.

Agora imito a cobra ao se desprender periodicamente da pele para substituir por outra, e adquirir o que está à espera de nos renovar. Reajo para me regenerar e não me sentir culpado sobre o que fiz ou deixei de fazer – é possível alcançar esse poder.

Quando se vai em busca de algo no qual o espiritualismo dos ancestrais está presente para nos orientar e incentivar a ir onde nunca estivemos antes, para tal compartilhando o seu conhecimento através do mais taoísta de todos os caminhos, você se alevanta das catacumbas dos terracota e se redescobre em sua espiritualidade.

Com leveza na consciência, sem somatizar remorsos de retiradas estratégicas ou cultivar arrependimentos judaico-cristãos de retorno contrito à lei moral. Transpondo negação e negatividade, sem apego ao intelecto privilegiado, pois o saber não consegue se divertir nos limites estreitos da vida terrena.

Você se ergue pleno de um poder natural e eterno inerente ao homem, acentuado nas origens gregas da filosofia, por sua autonomia e independência reafirmarem a existência do espírito preponderando sobre o caráter mecânico da matéria. Sócrates aniquila o corpo que nos enche de desejos, caprichos, sobressaltos, quimeras, asneiras, e corrompe a alma. Enquanto ambos, corpo e alma, estiverem unidos, somente a morte liberta, pois ela não interrompe nem cessa, apenas regenera a vida.

Vivemos em alta tensão sob pressão da necessidade de troca, visto não podermos existir um sem o outro. Escoramo-nos em pactos entre SER e NÃO SER, entre ser firme e ser maleável alternando ininterruptamente, aparentemente antagônicos na intenção de que *Yin* e *Yang* comunguem do mesmo teto. Afinal, Sim e Não precisam se complementar, caso contrário, a ascensão ou a queda virá e dirá se prefere a obscuridade ou estar iluminado.

Do mesmo feitio, há que combinar e harmonizar a energia que aborta os anseios de mudança com o desejo de permanência, de fincar raízes ao adquirir uma constância de hábitos e costumes em comunhão com a espiritualidade, em congraçamento com a pureza d'alma que exala do espírito.

Quando se vai em busca de algo na China, você encontra no holismo a chave que correlaciona o movimento de abre e fecha com mudança e permanência. Seguindo a tendência do Universo, são partes de um todo, onde todos também são partes de todos maiores, em que o significado de cada um se amplia se considerado em relação à sua totalidade, donde aí se encaixam, na justeza de um sapato velho, as três entidades geradas de um ente de temperamento solitário que não cometeu o mesmo erro de John Smith.

John Smith alimentou a pretensão de domar a natureza e ter o seu espírito destruído, desfigurando-se como a nação mongol, cuja natureza potente de sua raça para o confronto, acentuada pelo puro prazer de criar verdadeiros hércules, nunca mais viria a inscrever seu nome na História dos Gigantes.

De um império chinês quase desconhecido, anterior à era cristã, e que sempre procurou manter o equilíbrio natural dos elementos, veio a luz para harmonizar e tornar funcional os três espíritos, dos inúmeros que afloram de nossa base egocêntrica.

Não existe nada na face da Terra que não mude, problema nenhum persiste, somente a teimosia em se torturar com culpas que eternizam golpes e tombos dados em nome da esperteza. Mas a dor cede. Falta capacidade em permanecer incólume sob a influência de outros agentes que atuam na dissipação da ignorância, matriz de nosso sofrimento. Recusar essa evidência significa prosseguir no martírio, manter-se apegado ao passado, desacautelar-se quanto à praga da ansiedade.

Ninguém contesta que abrir só faz sentido se for para mudar, bem como fechar se relaciona a querer manter-se a todo custo onde se encontra, agarrado ao exército da salvação, permanecendo inflexível no posicionamento. Mas permanência não é só apego desusado ou disfarçado. Traduz também seu espírito no construir de uma vida terrena em torno de crenças e ideologias a favor de mudanças. Nem abrir representa instabilidade porque brotado do espontâneo, justamente quando o que deseja é abrir a mente na maior boa-fé, sem reservas. Nem representa convite à invasão, sujeita a litígio por fronteiras sempre difíceis de serem demarcadas, tais quais separar ficção de realidade, joio do trigo, goiabada do queijo, joão de maria.

Em virtude de o caráter moral demandar esculpi-lo sob a ação do tempo, para você tornar a se envolver e abraçar uma proposta de amor, faz sentido sacolejar a exclusividade de significados que tentam engessar o abre e fecha em livre negociação com mudança e permanência. O consenso norteia para que todos colaborem para a progressão espiritual, senão novos talentos não lhe darão alento.

Quando se vai em busca de algo e você resolve contar ao mundo a sua história, libertando-se da dor que nos mantém atolados no charco do sofrimento, ao afrouxar a camisa de força que conservava a consciência no cercado e não mais pensando no que ficou para trás, é porque descobriu no fruto da experiência interior, extraída do conhecimento revelado, uma inspiração divina na capacidade de percepção, ao se assegurar de que não cabe ressentimento no amar.

Quando se vai em busca de algo que evita o choque de gerações e estimula a convivência entre raças, classes sociais, religiões, culturas e opções sexuais distintas, que ratificam a Califórnia como o sonho de liberdade fora das convenções e do moralismo obtuso onde o respeito entre si é o bendito fruto, e você encontra uma fundação de assistência espiritual e social como a Glide, que aceita o enjeitado e o acuado em busca de identidade e de uma família a qual querem pertencer, celebre a diversidade.

A diversidade de existirem pessoas que anseiam saber quem realmente são. Ao desistirem de afugentar a mais terrível das verdades, de dançar para esconder as tristezas, expõem com clareza a opção pela liberdade e justiça, de serem completamente humanas.

Ao aceitar primeiro como eu sou, pus termo em minhas divisões, pois o que eu guardo dentro de mim é uma preciosidade que os eremitas costumam deixar escapar. É meu santuário, uma ficção calcada na realidade que se transforma numa obra, à medida que se tece e se constrói. Basta que a valorizemos para nos aperceber que ela pulsa dentro do corpo.

Desperto, ressurjo e recrio.

Quando se vai em busca de algo, eles não gostam. Eles quem? Os deuses. Que reagem. Egressos do politeísmo pagão, mas que subsistem em toda e qualquer religião, travestidos de santos, profetas, gurus, monges, ascéticos, mártires, Teresas de Calcutá, para disfarçarem que as religiões refletem a estreiteza do pensamento humano em não conseguir escapar desse beco: o maniqueísmo do bem e do mal.

Deuses mantidos enclausurados pela verdade absoluta de cada crença, dirigidas por arrogantes que invejam o intelecto perigoso de dissidentes, que podem mexer, de forma definitivamente incontrolável, com a cabeça dos fiéis. Deuses que te aniquilam com pesadelos que atingem o espectro da sua moral, a ponto de perturbar e inquietá-lo no restante do dia; ou que semeiem a discórdia na paz que refresca nossas mentes, de efeito tão duradouro quanto uma tempestade de areia que venha do deserto de Gobi, um ciclone da Tailândia ou um terremoto da Califórnia.

Apenas com o intuito de verificar se está mesmo seguro quando procura seu próprio caminho, pois que ameaçar a instituição da religião e seus dogmas provoca a ira dos emissários constituídos para atacá-lo ao menor sinal de que tabus começam a ruir de podre.

Nós, seres humanos, nascemos ignorantes. Não no sentido pejorativo, mas ignorar por desconhecer, não ter consciência das consequências de nossos atos. O verniz tecnológico não distancia o mundo de hoje da época das barbáries, pois ainda não saímos do estágio de que errando se aprende a acertar. A humanidade dá novos passos rumo à evolução, todavia tartarugas ainda necessitam que as joguemos de volta ao mar para que não morram.

Necessita-se de fôlego para dar cabo de todas as missões em uma existência efêmera. A reencarnação serve para que uma tomada de consciência progressiva aconteça. Precisamos fluir naturalmente no contexto da vida, almejarmos a sintonia de tudo que seja benéfico à vida carnal, sob o comando do discernimento, do amor e da alegria. Somos passageiros da vida e o corpo é o nosso veículo de viagem pela Terra.

Distante dos tempos de peixe fora d'água, agora me encontrava já temperado, sendo cozinhado para reingressar num mundo físico em que dissiparia a dura realidade normalmente presente no vulgar senso comum, apenas tomando o cuidado para não me virarem muito na frigideira, senão desmancharia.

Os três espíritos fundem suas experiências e renasce um novo ser, que cresceu interiormente para aprender a conviver melhor com os outros, abandonando a massa falida de seu ego. Senão morreria só, a sós, consumido pelas metástases da vida ou pelas forças da natureza – de igual composição química –, tal como o eremita.

Esse ser novo nasce banhado pelos contemporâneos Buda e Lao Tsé, limpando-o das impurezas que se desprendem de tensões e angústias que engessam as sociedades existentes, e o levam até a janela para que voe e se aperceba da necessidade de uma saída espiritual, ao encontro de uma fé que transcenda o fetichismo supersticioso e o amargor do ateísmo. Fé e força estão mais próximas do que se pensa, onde a vista não alcança. Tal como Cecil Williams apregoara, *to live my spirituality*.

A fim de determinar a direção dos ventos, vivenciei balões de ensaio na Tailândia, China e Califórnia, para testar nosso deus interior aprisionado – rezando para que o libertem e dê de comer a quem tem fome. Finalmente, cresço e desenvolvo o meu deus interior que reitera minha convicção no poder me realizar e ser feliz nessa existência, desacompanhado de culpas. Sem pretender um mínimo denominador comum adequado a todas as sortes de crenças, práticas religiosas e exercícios de autoajuda, tentei encontrar traços comuns entre elas de modo a me renovar e renascer.

Calam fundo as palavras de Cecil Williams, *to practice rebirth and new life*, viver cada dia como se fosse o começo de uma nova vida. O retrato da dura experiência vivida pelo Dalai-Lama, demovido do Tibet pelos chineses em 1959. Expurgado da redoma ancestral cuja pureza de propósitos datava do século VII, sempre acreditou na variedade de religiões e filosofias face às disposições mentais diferentes de cada ser humano. Enriquece a fé compreendê-las em todos os seus sentidos.

Nossos algozes mal desconfiam de seu papel em nos testar e potencialmente fortalecer nossa fé ao pretenderem matar-nos por dentro, açoitando nossas ideias. Se falharem, desprendemos nossos vínculos com o mundo material, tornamo-nos mais fortes e nos salvamos. Chegando ao cúmulo de devolver a malquerença e ultraje se benévolos restarmos.

Assombrado, constato que a crise de fé acabou por acender o rastilho de uma espiritualidade, não necessariamente associada à religião, mais afinada com a abertura de cabeça que dissipa preconceitos, com o temperamento e inclinação de cada um, conforme seu critério de fé, bagagem cultural e influência familiar. A ameaça de que o rosário de verdades absolutas contidas em cada religião terminasse por descaracterizá-las e retirar-lhes a essência, obrigou a se apressarem no cultivo de um respeito que implica na confraternização entre as diferentes tradições religiosas, em prol do espírito humano que precisa ser nutrido e inspirado na luta contra os conflitos diários.

O taoísmo assevera que a união das coisas está na sua essência, e não nos seus fragmentos, está no seu princípio, não no seu fim. Como a essência inalterada do poço, contendo água, rezando para que a colham e se liberte, a fim de dar de beber a quem tem sede. Toda biodiversidade da árvore tem uma só origem, uma mesma raiz, da qual todas vieram. Não se deve podar uma grande árvore com suas centenas de ramos para que se obtenha uma aparência uniforme.

Aceitar a diversidade dos "ramos" é saber respeitar a diferença entre as pessoas, as religiões, as culturas, as raças. As culturas modernas dão ênfase exagerada à fragmentação das coisas, quando no mundo em que vivemos todas as coisas estão interligadas, o Universo é um só.

Surge na atualidade uma necessidade moral de abraçar uma dimensão espiritual na vida. Alastra-se uma espiritualidade irmanada e pertencente ao mesmo Cosmo, de uma mesma raiz da qual todos vieram.

É por isso que, quando garoto, não atinava com os frequentes pesadelos de escalar uma montanha escarpada e não me dar conta da altura a que cheguei, caindo no impasse de como descer se não queria subir mais – ao atingir o ponto de, se subir, ninguém sabe, ninguém viu, o solo começa a se esfarinhar, as mãos viram garras aferradas no penhasco. O melhor a fazer é acordar para se salvar de um suicídio não premeditado.

Ao abrir os olhos, desprotegido no madrugar, eis que me defronto com um homem corpulento que me ameaça. Ameaça do banco da frente de um carro enquanto eu, atrás, emudecia por não ter feito absolutamente nada contra ele. Será que não? Pois queria riscar minha retina! Curioso era os amigos do lado de dentro do carro, tentando acalmar os ânimos para me proteger, embora com medo dessa figura estranha que só existe em sonhos.

Num piscar de olhos, os personagens são transportados para um comitê em que o massa bruta era um cabo eleitoral dos mais requisitados. De súbito, ele principia a desinflar, diminuir de volume, encolher, privar-se da robustez dos músculos, para se tornar um mequetrefe raquítico. Não diz na minha cara mas demonstra, ao conversar com os outros, que iria me prejudicar, como a querer testar até onde vai o meu medo e quando começarei a reagir. E se a reação será brusca e agressiva, ou se reprimirei meus instintos básicos. Se conseguir me conter, dou margem a esse pernicioso de me agredir em doses crescentes, imbuído do papel de técnico de laboratório a medir minha reatividade, eis a questão.

Não cabe circunscrever em um sonho não ir com a sua cara, a antipatia gratuita de quando nossos santos não se cruzam. É não querer ver em nós o que pensamos ver nos outros. Os mestres taoístas preconizam, primeiro, tomar consciência de si, ver o que é capaz de tolerar e acolher. Segundo, compreender o porquê do "eu gosto" e do "eu não gosto", transigindo com o que você é nesse momento, por força de sua influência cultural e intelectual. Terceiro, você não tem que gostar de tudo, nem de todos, tampouco participar de tudo ou estar conectado com todos os comportamentos e grupamentos.

Ao revolver o entulho autoritário, separando achados de perdidos numa educação que me ensinou a dirigir a vida como se fora um automóvel a respeitar as regras de trânsito, desapareceu uma sensação de crítica acerba nos meus calcanhares. A flexibilidade encorpou, aumentando o leque de percepções, de modo que o ser fraterno não equivalha a ser um inocente útil, careta ou piegas.

O tempo rugia me instando a demolir a figura do pai nada inclinada à indulgência, desconstruindo a insensibilidade e frieza que não transpareciam quem ele era realmente. Enquanto ele descia as escadarias, eu subia no propósito de alcançá-lo, mas ele não me via. Crescendo. Se me via, apenas na mudez, sorria. Se bem me observava, os detalhes se foram na caixa-preta.

Por sermos heróis da nossa própria história, urge descobrir alguma coisa no nada, a imaginação é mais importante que o conhecimento, o problema aparece como uma chance de ouro para fazermos o melhor de nós mesmos. A experiência é o sobrenome da família de nossos erros. Teimar em não os corrigir é o mesmo que voltar ao local do crime.

A sociedade terrena ainda é regida por valores convencionalmente masculinos, fechando os olhos diante da revolução com que a mulher desequilibra esse planeta cansado de guerra. Nem as atitudes complementares, tradicionalmente femininas, são mais suficientes para abrandar a necessidade fálica de autoafirmação do homem e diminuir os efeitos devastadores da competição que redundou no colapso da estrutura familiar.

Há que nos desapegarmos da encarnação da perfeição, do espírito virginiano de encaixar as peças nesse quebra-cabeça, de fantasiarmos uma solução genérica. A intuição é *Yin* e contém sabedoria. A razão é *Yang* e acha que só ela tem razão. A única maneira de combater os privilégios que a razão adquire ao longo do tempo é a intuição anarquizar valores retrógrados que se entranham e encruam na esteira da lógica agnóstica.

Entrarmos em fusão com o próximo nos libera de pruridos, reticências e melindres. Para resgatar ou até mesmo superar o convívio que existia no passado. Que assim seja. Deus, então, permite que se aumente o volume do som e imagem, a presença do pai se faça mais presente, ainda que desencarnado, sem o artifício da materialização do espírito. Reconheceu que eu não mais me opunha a meu pai. Obrara penosamente pela revelação no curso da trifurcação dos espíritos – findara o estorvo.

O estorvo de ser encarado ora como doente, ora como mente saudável. O mundo evoluiu da camisa de força para o psicótico, depois neurótico, depressivo. E seguimos pacientes na trilha de médicos, o que nos transforma em vítimas de um mal absoluto que não é visível a olho nu. Todos os padrões de pensamento, crenças, opiniões, convicções emocionais, com sinal mais ou menos, tudo se estilhaçou. Não dá para juntar os cacos.

Estamos sempre em contato com gerações anteriores, só que nossas mentes racionais e simbólicas não conseguem interpretar os recados. Não somos nossos corpos nem nossas mentes. Isso apenas existe para desviar o foco de nossa atenção. De concreto, para valer mesmo, somos o nosso espírito, que é a alma de tudo.

O Resgate

O pai desce a Terra e passa a mão sobre a minha cabeça. Eu me encontrava deitado no mesmo berço em que registrei seus lindos dentes brancos, agora a me saudarem. Mexo com as perninhas e os bracinhos. Ele me avisa que só poderei vê-lo por essa vez. Feliz, mal o ouço declarar que veio para desencarnar-se da maldição que pairava sobre sua existência anterior. Me pega no colo e me embala. Seguro, nem o ouço explicar que o homem precisa ser um verdadeiro Deus para provar que é humano, sensível e requer tato. Para não viver em conflito com seu próprio sexo, aceitar suas fragilidades em contraste com o papel de guerreiro que lhe é atribuído.

"Eu não sou um traidor, meu filho. Fui educado distante de meus pais, que me mandaram para bem longe. Só consegui dar o que recebi. Sempre me ensinaram a ser duro na vida. Eu não queria que você se encostasse em mim. Tive que me manter frio, não me envolver em demasia seja com quem fosse. Não saberia ser gelo e fogo ao mesmo tempo. Eu aprendi a ser só, daquele mesmo jeito, a vida toda. Não admitia insegurança nem indecisão. Eu nunca traí minha consciência. Se esperei meu pai morrer para realizar tudo o que não pude fazer antes é porque não ousava contrariá-lo. Eu não traí sua memória, só que precisava evoluir, não me sentir preso a quem quer que seja, senão morreria em vida. Isso não faz de mim um traidor. Aos olhos de quem não muda e não quer mudar é que pareço um traidor."

Lutei para transformar uma imagem de pai que me habitava, como se quisesse desapegar de uma herança que ele não me legou, e que ocupou um tempo precioso que me impediu de entrar em contato com a efervescência de Paz e Amor, em lugar da angústia e ansiedade reinantes. Tal como Dom Quixote, que só se sentia confiante e íntegro por inteiro quando investia contra os moinhos de vento.

Faltou-me o fio de Ariadne. Jamais me deparei com uma Ariadne que se apaixonasse por mim e me fornecesse o novelo que permitiu a Teseu encontrar a saída do labirinto do Palácio de Knossos, depois de haver matado o insaciável Minotauro que se supria de carne humana oferecida em sacrifício.

"Onde há vontade de condenar, há prova", um ditado chinês que reflete todo um quadro de injustiças que nos persegue e nos acostumamos a segui-lo. Que me trouxe à lembrança Cecil Williams, outra vez: *To forgive myself and forgive others*. Perdoar a mim mesmo e perdoar aos outros. Adotei-o como meu mandamento, o 12º trabalho de Hércules, pondo-me à prova.

Esse é o nó górdio da questão a ser desfeito, e não cortado, para não restar nó na madeira. Essa é a parte mais difícil, onde o pomo de adão sobe e desce freneticamente denunciando o que tem por engolir. A persuasão entalada na garganta.

O ressentimento come a gente por dentro. Perdoar a mim mesmo é até possível. Agora, perdoar aos outros é uma tarefa sobre-humana, ainda mais quando o atingem onde menos deseja, fazendo com que você queira determinar uma indenização por danos morais ou uma reparação em caráter de guerra, exigindo satisfações pelo mal que provocaram.

O rigor com que julga pode voltar como um bumerangue. Tamanho sentimento de hostilidade e má vontade traduz mesquinharia. O renascimento passa pelo perdão do filho ao pai, em nome de uma causa que joga por terra julgar os outros mais severamente do que julgaríamos a nós mesmos, condenar o que perdoaríamos em nós. Perdoar aos inimigos é pedir perdão para si mesmo.

Numa inequívoca demonstração de que Dom Quixote deixou filhotes sãos, já vai longe o tempo de menino em que o coração gemia de dor, provocada por um estado de ausência amorosa, frequentemente suprida por um gladiador que se investia de armadura e lança a estocar quem ousasse atravessar seu caminho.

Ao me reconhecer como herdeiro dessa dor, desfechei um pontapé nos fundilhos de Atlas e o mundo que carrega nas costas, e perdoei.

Removi o ódio de dentro de mim ao me desvencilhar de armadilhas que apenas visam mantê-lo atado a um passado que não se digere. Eu não tenho vocação para Sísifo nem Prometeu – que Zeus perdoe minha arrogância! E afastei o fantasma do pai ausente para a Nebulosa, a nuvem obscura que o absorveu.

O egoísmo é uma árvore frondosa em que um dos frutos, a ingratidão, exagera o peso de injúrias que indispõem o coração com ódio. Que alívio admitir não ser mais preciso retribuir injustiça com injustiça, nem transferir meu incômodo a outrem cutucando incautos, qualquer que se me tenha feito! Embora a revolta interior tivesse propiciado inúmeras chances que, de outro modo, jamais vislumbraria.

Porém, perdoar as mágoas e coisas negativas é descongelar o coração.

Na maior parte das vezes, apenas representamos porque simplesmente nos habituamos a marchar sob o compasso dos ponteiros do relógio. A inércia desaparece instantaneamente quando situações desesperadoras nos impedem de continuar a fingir. Por que não desenvolver uma convicção na necessidade de mudar e na coragem de estabelecer novos padrões de comportamento para barrar a progressão do condicionamento negativo em seus múltiplos disfarces? Desperdiçamos muito tempo a consolidar maus hábitos, sem nos darmos conta do esforço que despenderemos ao descondicionar o pensar, o sentir e o agir, absolutamente essenciais no instante em que você resolve dar um basta a esse estado de coisas que o atormenta.

Há quem defenda o ódio, a inveja, o ciúme e outras emoções negativas como peças básicas de nossa engrenagem – a ignorância é perfeitamente natural e prolifera que nem coelho. Apesar de emanar uma vibração hostil e deixá-lo com uma aparência repulsiva que afasta até animais de estimação, desentranhando uma inhaca que prenuncia o falecimento precoce da alma. Também pudera, não têm nenhuma outra função que não seja a de nos destruir. Surgem de uma mente perturbada pela insatisfação e descontentamento que faz crescer o inimigo dentro de nós.

Todavia, cabe aos estranhos no ninho mergulhar nessas águas paradas e resgatar a compaixão, a benevolência e o perdão. Não fugir do diálogo com quem infunde o maior dos temores, o seu eu que encarna o egocentrismo. Se adianta um conselho de amigo, procure isolá-lo e enfrentá-lo num recanto ermo. Encare-o bem no fundo dos olhos para distinguir se age construtiva ou destrutivamente, pois que de nada vale nessa hora ser rico, possuir uma educação refinada, brandir a lei ou empunhar uma arma.

Espontâneo, o egocentrismo aflige a mente, perturba a paz interior e destrói a presença de espírito, recalcado no alcançar o que o olho não vê e na ganância. Possesso, deturpa a capacidade de discernir o certo do errado, bem como as consequências de nossos atos. Enraizado numa percepção equivocada da realidade que só o leva a colecionar ilusões, não permite que ancore na solidez da compreensão a tirar proveito de suas experiências e entrar em contato com o nosso estado latente de alegria e felicidade.

A natureza da mente é pura, capaz de eliminar pensamentos derrotistas, do tipo da raiva que se alimenta da raiva e causa sequelas. De modo que, se ampliarmos seu potencial, reconheceremos que pessoas exatamente como nós também têm o direito de ser felizes, de não sofrer, ao se socorrerem de facetas e ângulos extremamente favoráveis à sua evolução.

Mágoas e constrangimentos se atenuam com paciência e tolerância, que o ocidental encara como sinal de fraqueza e o oriental como fruto de uma mente forte e inabalável. Recuar de um estado de beligerância e vontade de retaliar é associado à covardia e a fugir correndo para bem longe, tanto quanto guardar uma proverbial distância de ressentimentos do passado equivale a perdoar.

Não pretender prejudicar ninguém e motivação sincera funcionam como um laxante para aliviar o medo e a ansiedade quanto a essa aproximação que se avizinha, tão retardada por uma ruminação crônica buscando equacionar o problema, quando o mais fácil seria pura e simplesmente aceitar.

E o que mais falta para ser perdoado? Só porque alguém não o ama do jeito que você quer que ame, não significa que não é amado. Pois existem criaturas que não sabem demonstrar o quanto amam, e se torturam caladas, por simplesmente não conseguirem dizer "eu te amo". Turbulências no amor-próprio inibem inúmeras tentativas em enfrentar tal desafio. A realidade que se manifesta não corrobora a sua visão idealizada do mundo.

No íntimo, não estimam seu autorretrato. Para evitar a depressão que afunda, refugiam-se na arrogância, espicaçados pela víbora debaixo da língua que muda o lugar das palavras, embaralha as ideias e anarquiza seu pensamento. A arrogância é frequentemente confundida com a ousadia que realiza suas primeiras intenções, legítima se não comportar temor em se expor ao crivo de críticos que estripam.

– Meu coração está apertado de ver tantas marcas no seu rosto, meu filho.

– De tanto não compreender, você lança mão do ódio, a semente da obscuridade. Por um longo tempo acreditei que uma planta não se vira para outra com o intuito de trocar pontos de vista. Vegetam mais que oxigenam. Quem a semeava, só buscava colher frutos.

– Já somos bastante gratificados ao conseguir o encadeamento coerente do passado com o presente, quando plantamos ao fruir do tempo de gestação necessária para entender que outros hão de colher do que semeamos hoje. Hoje estamos colhendo do que semearam antes de nós.

– Alienígena é o mundo que só se une na desconstrução, só costura uma nova ordem quando as paredes de seus abrigos desabam de podre.

Não se deve perder tempo com os incrédulos sistemáticos e os zombadores obstinados, com os que se recusam a ver e a ouvir, com os que resistem por orgulho para valorizar sua decodificação. A vez deles chegará quando, encurralados pela voz corrente, assistindo a um coral cantar a mesma música, sem parar, voluntariamente aceitarão a ideia por si mesmos e não influenciados por outrem, é claro. O tempo é farto e generoso, mas aos que deram as costas para o mundo, alimentando a expectativa de a tudo destruir, não lhes será concedida prorrogação, nada Além.

– Nossa convivência sempre foi precária, nunca permitiu ultrapassar certos limites. Corríamos graves riscos quando conversávamos. Fez-me crer que o amor na família pode não ter a grandeza que se imagina.

– Difícil aceitar nobreza no sofrimento. Mas enquanto as terminações nervosas do espírito acusarem dor, há esperança em desenvolver e aprimorar sensibilidades.

– Muito tempo de resistência no casulo expõe fragilidade e obstinação na recusa à metamorfose. O decantado amor em verso e prosa só é puro se libertado o desejo incondicional e autêntico em fazer você feliz. Assim eu provo que, de fato, posso amar a mim mesmo e sublinho a crença na felicidade. Até o suicida, na ânsia de se libertar do sofrimento causado pelo extremo ódio devotado a si, reconhece que nasceu fruto do amor, mas não conseguiu realizá-lo com alguém, sequer construí-lo, muito menos materializá-lo.

Sofre-se por amor, mas precisamos do amor para não sofrer mais. Transformei o espírito do pai que me habitava, e resgatei o amor por ele. Sabendo perdoá-lo, embora não seja Deus. Ele o aguardava. Só assim me liberei dos fantasmas que me infernizavam. Aliás, ambos nos livramos – perdoar não é bom só para quem é perdoado, é bom para quem perdoa também. Passa pela aceitação a compreensão do que sitia e ronda a alma dos homens. Somos capazes de suportar os erros dos que nos cercam, se tivermos a noção de que pertencem à mesma família, originados no medo do futuro: em nos escolher como as próximas vítimas.

Para que tirar água de pedra com a obsessão em torno do pai? Se nos primórdios o culto à Grande-Mãe era a religião mais difundida. Se no Taoísmo primitivo a generosa Mãe personificava o Universo. Se, para os gregos, Gaia era a Mãe de tudo, inclusive de Urano, o Céu. Se Gaia se associava ao Útero de Toda Criação, aos mistérios da Lua, que nos mostra sempre uma face nova a cada sete dias e nunca morre; e ao inconsciente, o obscuro lado da mente por ser desvendado. Parece etéreo, insosso e árido descobrir onde está Deus, se somos filhos de Deus em espírito, filhos do Espírito Santo.

É melhor que cada um se ponha a realizar a obra que lhe foi destinada. Sem duvidar dela, mesmo que implique em demolir e construir cada pedacinho ao deus-dará. Para não passar pela vida em branco. É muita pobreza de espírito restringir nosso alcance à matéria que estamos circunscritos. É voltar atrás no tempo em que se descobriu que a mulher não gera filhos sozinha. O sêmen é quem a fecunda, nascendo daí a cultura do falo, da fidelidade, do patriarcado, da propriedade privada, do monoteísmo, do crente e não crente, do mais forte sobre o mais fraco.

Quando os três espíritos se incorporaram, nasceu uma nova entidade fadada a um profundo bem-estar provindo da reconciliação, estado esse que só expõe sua plenitude quando a guerra terminou e se esvaíram os sinais de beligerância.

Desperto num novo ser. Não consigo mais recordar o seu nome. Sempre foi um defeito meu. Mantendo no seu semblante, alumiado pela vela, somente a fisionomia. Do interior. Como se Deus soprasse:

"Ser o que é e gostar de você, sem vergonha de ser. Pense ser exatamente aquilo que é e acabará descobrindo que não é mais exatamente aquilo que pensava ser. Não se cristalizar, ser constantemente mutante, em determinados momentos até indefinido. Corra atrás e pague para ver. Sem medo de cometer erros. Aceitando fraquezas e inabilidades sem se recriminar. Fazendo da rotina o melhor que pode. Com um pouco de devaneio e uma pitada de loucura, permitir-se gostar de estar de bem com a vida, gostar de acordar, olhar o dia e sentir que está vivo para viver esse dia. Não se importar com o que os outros pensem, com julgamentos que nos enclausuram em horríveis jaulas, que não nos permitem ser mais simples e delicados com os nossos sentimentos. A ter que fazer concessões, é mais fácil conceder o perdão do que permitir ao outro que você seja feliz do jeito que ele inventou de ser. Harmonize-se e reconcilie com as opiniões que nos ameaçam, sempre tentando e esperando ouvir a sua voz interior, sempre pronto para os acontecimentos, as mudanças bruscas e radicais, a fim de mergulhar no novo e naquilo que o fará sentir-se vivo e feliz. Singrando os mares, a todo o pano, realizando o que mais gostamos de fazer: ser feliz!"

Formiga-me a planta do pé. A revelação estava por vir. Não seria humano alheá-los de tal segredo – enlouqueço se não o compartilhar. Ah, penoso alcançar a síntese sob o medo de resultar mediocridade! Uma encenação digna de Homero seria extirpar a paixão, aceitar resignadamente o destino e manter-se imperturbável, uma saída pela tangente, ser um estoico diante da adversidade e do infortúnio, surrealista.

O mundo ainda se encontra em processo de formação. Faltam empreitadas, jornadas e missões por se realizar. Pegadas denunciam escárnio do futuro em conluio com o apego ao passado, inconsistência e uso sacrílego da espiritualidade. Agendar a data de inauguração sem estar preparado para se defrontar com seus inimigos naturais – o medo, a certeza, o poder e a velhice –, seria condená-lo ao rebaixamento.

Todos abrem a bocarra para dizer: "de que adianta, eu vou morrer mesmo!". Somos condenados ao desaparecimento. À perda da identidade. Ao consolo do nome gravado na lápide. A saúde virou obsessão para eternizar e evitar o que vem depois. Que doce ilusão! Quanto mais vida útil, menos coisa em que se acreditar, deixando num mato sem cachorro ateus, agnósticos, os adoradores da lógica pura. Órfãos de guias espirituais, receosos de crer sem fundamento. Carentes de fé e desprovidos do vigor moral, não se aperceberam de que as uvas ainda não estão maduras para serem colhidas.

Chego ao pungente veredicto: estou vivendo meu próprio relógio. Enquanto os outros dormem, estou desperto. Quando acordam, fecho os olhos. Meu coração cauterizado não mais viverá sob a redoma de vocês. Existirei só na minha mente, no coração... e no meu espírito. Estou em absoluta transcendência de meu ser divino, de emanação invisível que se desprendeu do ser único, que agora me acompanha, e exalando o meu retorno ao Cosmo, do qual eu havia me desgarrado, ao qual retornei pela interiorização progressiva.

Como em um avatar, uma transfiguração risonha, comunicativa, sem arredar o pé um milímetro sequer da sinceridade, a própria reencarnação em vida. Uma guinada radical no semblante, nos gestos, na voz, no palavreado, na construção das orações, uma metamorfose que abriria o sorriso em Kafka, uma transformação espiritual que nos eleva aos píncaros da arte de bem viver. A sensação é de ter percorrido incontáveis encarnações, distanciando do embrião que me originou, ao evoluir através dos degraus da Muralha da China.

O arquiteto que construiu aquelas muralhas em sequência, sob o pretexto de uma sobranceira defesa, encontrava-se também absorto em nos sinalizar o veio da mina, a fonte da qual o rio brota, a atração que exerce o horizonte calado, a luz que atravessa o céu, de onde provém. Do mais taoísta de todos os caminhos, que liga todos os tempos, relógio de um passado sem nome e futuro que não distingue noite de dia.

Na medida em que a Muralha se pronuncia sobre os morros, você se aproxima dos píncaros, onde lá estará o Deus que escolheu, qualquer que seja, de braços abertos para acolhê-lo. Ou outra existência, melhor do que a que está levando no plano material, ou uma vida infinitamente superior à travada nos cotidianos embates superficiais e ilusórios ao nosso redor.

Cada nova realidade deve chegar no tempo oportuno, o tempo de amadurecer e de se propagar, senão veem, sondam, ouvem e não compreendem – se vivaz a luz, ofusca. Tudo que está oculto, um dia será descoberto, no tempo necessário de lhes preparar a aceitação. Os sãos não têm necessidade do médico, se a espiritualidade abre a mente, fazendo o corpo aceitar melhor o espírito que deve guiá-lo.

Eu não morri, espiritualizei-me, vivo minha espiritualidade. Assumi uma feição espiritual que removeu resistências e má vontade, robustecido por uma fé que os adversários, com a sua falta de objetivo, pelam de medo por defrontar, conectada que está a desmandos e inconsequências do materialismo agnóstico. Uma espécie de lucidez que, se não removeu montanhas, recuperou-me da cegueira, ao readquirir calma na luta, um sinal de força e confiança ao não confundir fé com presunção. Ao me fazer ver, pelo pensamento, um caminho com muito mais segurança porque apoiado na compreensão de fatos e personagens de minha história, que me impulsionaram a ultrapassar fronteiras do razoável admitido.

Convenci-me, por fim. Sobreveio somente depois de eu haver compreendido. A Tomé, o descrente que usa de todos os meios para não enxergar até a hora da morte, assim mesmo por ser inevitável. A minha doce Mai, o monge Tongchai, meu adversário Yuste, o vigoroso Cecil Williams e o descamado John Smith. Ao meu irmão Marco Polo que tantos tentaram derrubar, mas que veio para ficar na nossa memória lúdica e aventureira, ao construir a ponte do Ocidente para o Oriente.

Buda nos ensina que para conhecer o despertar não é preciso determinar sua figura corporal, se gordo bonachão ou esguio sério. São figuras ilusórias de seu corpo que negam a sua verdadeira figura, a partir do aspecto, a impressão que você deixa nas pessoas, desde as origens compelidas a cunhar uma forma imaginária dos seres metafísicos que idolatravam. Precisavam desse símbolo como emblema de sua religião a ilustrar o que adoravam – uma alegoria no transcurso de séculos que transforma a verdade em metáfora e a religiosidade em lenda.

Mas delinear sua figura é fundamental para determinar sua importância social, representar sua personalidade, configurar sua cara, sem contar os arroubos da imaginação, que emprestam ao pensamento mais energia, beleza e graça. O perigo é transformá-lo num ator que, de acordo com a interpretação, varie numa linha de comediante a fazer figuração, convertendo a figura de proa em figura difícil ou em figura negativa pelos excessos em se exibir.

Evitei o quanto pude notar que olhavam de forma diferente para mim. Como se esse olhar me atravessasse. Senti-me como um fantasma, uma alma penada que não inspira medo. Sorria, estranhando o misto de admiração e algo que não conseguiam alcançar nem esticando as mãos. Acho que se aperceberam de que nunca mais poderiam penetrar em minha intimidade. Libertei-me do estorvo de não suportar viver como se estivesse com o freio de mão puxado.

O desfecho não se encerra no fim.

Como não há nenhuma verdade para a qual se deva despertar e nenhuma ilusão para a qual se deva escapar, a iluminação é compreender que o mundo é tal qual nós o vemos e atingir o estágio de libertação, na maior felicidade, em que o genuíno é duradouro, tirando o lastro que dá estabilidade ao sofrimento.

O homem é quase sempre o obreiro da sua própria infelicidade, o invejoso e o ciumento ardem em contínua febre – suplícios voluntários que mascaram a Terra como o inferno. Essa é a prova a que somos submetidos. Depende de nós a suavização dos males e ser tão feliz quanto possível na Terra.

Só Deus seria capaz de me dar tal presente, enfim respeitado pelos invasores.

Quanto maior for o despertar e o alcance de suas intenções, forçosamente atrairá uma oposição proporcional à dimensão de seus propósitos. Se lhe faltam vitalidade e consistência, deixam passar. Mas, se assentado em bases sólidas, um secreto pressentimento os adverte do perigo que representa jazerem no fundo do coração inúmeras mensagens, dentro de garrafas largadas ao oceano, a que comumente não damos a menor importância.

É evidente, de tão profundo o fundo do coração que sequer conseguimos tangenciá-lo. Cristalino, se nos encontramos frequentemente ocupados para ouvi-lo. Coerente continuar a não compreender, condenando-nos a uma monótona existência rotineira, degenerando a arte de viver no simples negócio de viver.

Desde os meus 15 anos, eu me maltratava maldizendo o traidor do inconsciente submetendo-me a interrogatórios impiedosos que visavam arrancar de mim até quando iria adquirir traquejo para exterminar com aquela angústia que martelava o meu bom senso. Uma projeção incessante do futuro que me defrontava inexoravelmente com o clima reinante de fracasso e sofrimento que pairava sobre meu destino, sob o rufar dos tambores que cercavam o Nada absoluto e incontornável.

Coube tão somente correr infindáveis riscos, desafiar a solidão e não temer ao me dirigir a estranhos em vielas, portos e desertos. Coexistir com a consciência da responsabilidade decorrente do livre-arbítrio e preencher o vazio do SER com múltiplas existências atraídas pela infinita liberdade humana.

A raiz de uma árvore, emaranhando-se em direção ao fundo da terra para buscar água e trazê-la para cima, na metamorfose de que as folhas florescem, e dão frutos. Pus fim, nessa vida, à fonte de angústias que me perseguiam.

A prova viva de que havia muitas moradas na casa de meu pai. Após ter desencarnado, preparou a morada para a minha evolução quando eu lá chegasse, e retornou a mim na claridade resplandecente do sublime espetáculo do infinito. Uma sincronia de afeto entre seres umbilicalmente ligados, ainda que separados por uma distância abissal.

Pai! Enfim, o Senhor poderá se afastar das sensações que experimentou e das percepções captadas em tudo que eu privei de sua intimidade, distanciando-se da atração ou da repulsa. A caminho de mundos regeneradores que não inibam a intuição nem cortem o fluxo de nossa energia vital.

A evolução do espírito acompanha o vinho. Somente em terreno preparado a uva faz jus a ser pisada e esmigalhada, de onde se extrai sua essência que, misturada ao ordinário do álcool, encorpa e amadurece ao sabor do tempo, que lhe retira a rascância e a acidez.

O meu tempo havia chegado.

FONTES CONSULTADAS

BULFINCH, Thomas. *O Livro de Ouro da Mitologia*. Rio de Janeiro: Ediouro, 1999.

CAPRA, Fritjof, e Steindl-Rast, David. *Pertencendo ao Universo*. São Paulo: Cultrix, 1991.

CAPRA, Fritjof. *O Tao da Física*. São Paulo: Cultrix, 1983.

CHANG, Jung. *Cisnes Selvagens*. São Paulo: Companhia das Letras, 2001.

CHATÊLET, François. *História da Filosofia* – Volume 2. Rio de Janeiro: Zahar Editores, 1974.

CHERNG, Wu Jyh. *Iniciação ao Taoísmo* – Volume 1. Rio de Janeiro: Mauad, 2000.

DALAI-LAMA, e Carrière, Jean-Claude. *A força do Budismo*. São Paulo: Editora Mandarim, 1996.

DALAI-LAMA, e Cutler, Howard C. *A Arte da Felicidade*. São Paulo: Martins Fontes, 2001.

D'ANCONA. *Cidade de Luz*. Rio de Janeiro: Imago, 2001.

ELIADE, Mircea. *História das Crenças e das Idéias Religiosas*. Rio de Janeiro: Zahar Editores, 1979.

GAARDER, Jostein, Hellern, Victor, e Notaker, Henry. *O Livro das Religiões*. São Paulo: Companhia das Letras, 2000.

GRANET, Marcel. *O Pensamento Chinês*. Rio de Janeiro: Contraponto, 1997.

HÉBER-SUFFRIN, Pierre. *O "Zaratustra" de Nietzsche*. Rio de Janeiro: Zahar Editores, 1988.

HUXLEY, Aldous. *A Ilha*. Rio Grande do Sul: Editora Globo, 1962.

JULLIEN, François. *Tratado da Eficácia*. São Paulo: Editora 34, 1998.

JUNG, Carl e Wilhelm, Richard. *O Segredo da Flor de Ouro*. Rio de Janeiro: Editora Vozes, 1998.

JUNG, Carl. *Resposta a Jó*. Rio de Janeiro: Editora Vozes, 1971.

KARDEC, Allan. *O Evangelho Segundo o Espiritismo*. São Paulo: Petit, 1997.

_______. *O Livro dos Espíritos*. Rio de Janeiro: Federação Espírita Brasileira, 1998.

KUNDERA, Milan. *A Lentidão*. Rio de Janeiro: Nova Fronteira, 1995.

LESCOT, Patrick. *O Império Vermelho*. Rio de Janeiro: Objetiva, 1999.

MUKTANANDA, Swami. *Medita*. São Paulo: Editora Pensamento, 1981.

NASSAR, Raduan. *Lavoura Arcaica*. São Paulo: Companhia das Letras, 1989.

NICHOLS, Sallie. *Jung e o Tarô*. São Paulo: Editora Cultrix, 1980.

NIETZSCHE. *Ecce Homo*. Rio de Janeiro: Ediouro.

POLO, Marco. *O Livro das Maravilhas*. Rio Grande do Sul: L&PM Editores, 1999.

RESENDE, Célia. *Terapia de Vidas Passadas*. Rio de Janeiro: Nova Era, 2000.

ROCHA, Antonio Carlos. *O Poder do Dragão*. Rio de Janeiro: Editora Espaço e Tempo, 1993.

SPENCE, Jonathan. *Em Busca da China Moderna*. São Paulo: Companhia das Letras, 1996.

STONE, I. F. *O Julgamento de Sócrates*. São Paulo: Companhia das Letras, 1988.

TOKUDA, Ryotan. *Psicologia Budista*. Rio de Janeiro: Instituto Vitória Régia, 1997.

TOLLE, Eckhart. *O Poder do Agora: um guia para a iluminação espiritual*. Rio de Janeiro: Sextante, 2002.

TSE, Lao. *Tao Te King*. Tradução de Huberto Rohden. São Paulo: Fundação Alvorada.

_______. *Tao Te King*. São Paulo: Attar Editorial, 1995.

TSÉ-TUNG, Mao. *Livro Vermelho*. Pequim, 1966.

TULKU, Tarthang. *Gestos de Equilíbrio*. São Paulo: Editora Pensamento, 1977.

WATTS, Alan. *Tao – o curso do rio*. São Paulo: Pensamento, 1997.

WILHELM, Richard. *I Ching, o Livro das Mutações*. São Paulo: Pensamento, 1956.

WOOD, Frances. *Marco Polo foi à China?*. Rio de Janeiro: Record, 1995.

YUTANG, Lin. *A Importância de Viver*. São Paulo: Editora Globo, 1986.

XINGJIAN, Gao. *A Montanha da Alma*. Rio de Janeiro: Objetiva, 2001.

Vermelho Marinho